Construindo
Relacionamentos
Através de
Dinâmicas de Grupo

Diagramação
Fernando Ribeiro (0XX21) 9254-0595
Ilustrações
Jayder André
Revisão
Márcia Pignataro (0XX21) 2610-9070

Construindo
Relacionamentos
Através de
Dinâmicas de Grupo

Edson Andrade

Copyright© 2005 by Edson Andrade

Todos os direitos desta edição reservados à Qualitymark Editora Ltda.
É proibida a duplicação ou reprodução deste volume, ou parte do mesmo, sob qualquer meio, sem autorização expressa da Editora.

Direção Editorial SAIDUL RAHMAN MAHOMED editor@qualitymark.com.br	Produção Editorial EQUIPE QUALITYMARK
Capa WILSON COTRIM	Editoração Eletrônica MS EDITORAÇÃO ELETRÔNICA

CIP-Brasil. Catalogação-na-fonte
Sindicato Nacional dos Editores de Livros, RJ

A566c

Andrade, Edson, 1961 – Construindo relacionamentos através de dinâmicas de grupo (e outros recursos) / Edson Andrade. – Rio de Janeiro : Qualitymark, 2005
176p. :

Inclui bibliografia
ISBN 85-7303-586-2

1. Dinâmica de grupo. 2. Jogos em grupo. 3. Relações humanas.

I. Título. II. Título: Dinâmica de grupo.

05-2367.
CDD 302.34
CDU 316.454.7

2005
IMPRESSO NO BRASIL

Qualitymark Editora Ltda.
Rua Teixeira Júnior, 441
São Cristóvão
20921-400 – Rio de Janeiro – RJ
Tel.: (0XX21) 3860-8422

Fax: (0XX21) 3860-8424
www.qualitymark.com.br
E-Mail: quality@qualitymark.com.br
QualityPhone: 0800-263311

Dedicatória

Ao nosso Deus e Pai,
sustentador de tudo e principalmente dos nossos sonhos.

À Érica Ribeiro Andrade,
companheira e amiga, parceira de sonhos, lutas e vitórias.

A Paulo Andrade,
meu irmão, amigo e incentivador de todas as horas.

Agradecimentos

O autor e os editores gostariam de agradecer aos autores que gentilmente permitiram a reprodução de suas produções:

A Oswaldo Montenegro, Geraldo Eustáquio de Souza, Stella Junia, Érica H. Ribeiro Andrade.

Agradeço a Elena Quintana, e ao pessoal da Juerp.

Agradeço também aos inúmeros amigos e parceiros de caminhada, que sonharam junto comigo a realização deste trabalho, e ajudaram em sua viabilização: Gabriela Barbosa, Rafael Manhães, Rosalee e Sérgio Istoe, Tânia Maria Alberto, Edinilsa Ramos de Souza, Schneider, Bruna Poley, José Carlos Leal e Fernando Ribeiro.

Apresentação

É um grande privilégio estarmos eu e Rosalee apresentando esta obra de autoria do Professor Edson Andrade.

Quando este amigo nos procurou para participar da apresentação desta obra, sentimo-nos honrados, pois este é um instrumento importantíssimo que está sendo colocado nas mãos de profissionais que utilizam a Dinâmica de Grupo como parte de suas atividades, tanto na área de ensino, para vivenciar e reforçar a teoria, quanto para os que trabalham na área de treinamento de pessoas.

Melhorar a qualificação das pessoas, fazendo com que elas vivenciem a experiência, através das "brincadeiras" propostas em cada uma das dinâmicas aqui elencadas, é extremamente positivo, pois traz riqueza na vida profissional e/ou estudantil. E isto não é brincadeira.

Aprendi muito com o Professor Edson Andrade quando me deu o privilégio de assistir a algumas de suas aulas na Universidade na cadeira de Dinâmica de Grupo, aplicando algumas das dinâmicas que fazem parte desta obra. Uma "algazarra" era feita pelos seus alunos quando participavam das dinâmicas, mas, na hora de retirar lições dos exercícios realizados pelo grupo, quanta riqueza havia. Cada um dos alunos ficava maravilhado do quanto conseguiu aprender e de como este instrumento era eficaz.

Rosalee e eu desejamos que o Professor Edson Andrade consiga, através desta obra, passar a mesma dedicação, vibração e intensidade aos leitores, como consegue passar aos seus alunos em sala de aula.

Rosalee Santos Crespo Istoe
Coordenadora do Curso de Psicologia
Universidade Estácio de Sá

Sérgio Elias Istoe
Coordenador do Curso de Administração
Universidade Estácio de Sá

Sumário

Primeiras Palavras 1
Introdução 3
Nossa Base Teórica... 4
Repensando Paradigmas... 6

Capítulo 1 – O Grupo e a Dinâmica de Grupo 9
    O Grupo 11
    A Dinâmica de Grupo 12

Capítulo 2 – Mudanças 19
    Rompimento 21
    Para que Mudar??? 22
    Ponha um Tubarão no seu Tanque 23
    A História dos Três Sapos 25
    Reflexão: Filme – *Sociedade dos Poetas Mortos* 26
    Ilustração: A Cidade dos Gatos 27
    Dinâmica dos Bastões 29

Capítulo 3 – Liderança 31
    Reflexão: Matriz da Comunicação Eficaz 34
    Ilustração: As Três Peneiras 36
    Ilustração: do Emu 37

A Importância do Líder 39
Característica dos Estilos de Liderança 41
Dinâmica da Rede 43
Dinâmica das Cores 48
Dinâmica da Caixa-surpresa 52
Dinâmica do A 55
Dinâmica das Vendas 61
Frases Imprescindíveis para um Líder Eficaz 64

Capítulo 4 – Coesão Grupal 65
Coesão Grupal 67
Música: Deixe Amar 69
Dinâmica do Esqui 71
Dinâmica do Balde 75
Dinâmica Escravos de Jó 79
Dinâmica das Bolas 82
Dinâmica Alvo 85
Dinâmica Dominó de Retalhos 89
Dinâmica Bolas de Gás 91
Dinâmica dos Três Círculos 93
Dinâmica das Tábuas 95
Competição dos Quadrados 98
Dinâmica das Cadeiras 100
Dinâmicas "Quebra-Gelo" 102
   Dinâmica Econome 102
   Dinâmica dos Nomes 103
Dinâmicas para Descontração 103
   Dinâmica Besouro 103
   Dinâmica Zip, Zap, Zop 103
(Algumas) Sugestões para Dinamização de Grupos através da Música 104
Características das Inteligências Múltiplas 110
Grupo Operativo 112

Capítulo 5 – Sugestões para a Biblioteca e Filmoteca do Líder 115
    Livros para trabalhos dinamizados 118
    Livros para Formação Teórica do Líder 120
    Vídeos de Treinamento 122
    Filmes (Para Serem Vistos com a Organização) 123

Capítulo 6 – Pedagodinâmica:
A Arte de Ensinar Dinamizando 125
    A Arte de Ensinar 127
    Dinamizar Tudo o que Ensina 129

Capítulo 7 – Crescimento Pessoal no Grupo 133
    Primeiro Instrumento 135
    Segundo Instrumento 136
    Terceiro Instrumento 136
    Quarto Instrumento 137
    Quinto Instrumento 139
    Sexto Instrumento 142
    Sétimo Instrumento 143
    Oitavo Instrumento 145
    Nono Instrumento 147
    Décimo Instrumento 150
    Décimo-primeiro Instrumento 151
    Décimo-segundo Instrumento 152
    Décimo-terceiro Instrumento 155
    Décimo-quarto Instrumento 156

Bibliografia 159

Contatos com o Autor 161

"Devemos ser a mudança que queremos ver no mundo."
Gandhi

Primeiras Palavras

Uma das marcas fundamentais do indivíduo em nossa sociedade pós-moderna é o pertencimento a grupos. A questão dos grupos perpassa a nossa vida, desde o núcleo familiar aos nossos espaços de atuação profissional, de lazer, eclesiásticos etc.

Passar de aglomerado de pessoas a "grupo" talvez seja um dos maiores desafios para aqueles que querem construir relacionamentos produtivos com suas famílias, seus amigos, seus colegas de trabalho, seus alunos, seus companheiros que processam a mesma fé etc.

Uma das propostas deste livro é apresentar uma das significativas ferramentas criadas pela Psicologia Social, a Dinâmica de Grupo, como dispositivo para a construção e o desenvolvimento de grupos consistentes, produtivos e frutíferos.

Numa sociedade que é formada por grupos em quaisquer instâncias da vida social, muitos profissionais que atuam com pessoas (mais do que com coisas) poderão beneficiar-se dos conhecimentos aqui reunidos.

Aplique as lições e cresça juntamente com o crescimento de seus grupos!

Um forte abraço,
Edson Andrade

Introdução

*"Embora possamos aprender muito com as dificuldades,
muitas lições importantes podem ser aprendidas
nos bons momentos da vida,
com bom humor e alegria."*
(autor desconhecido)

Nossa pergunta tem sido: como transformar pessoas que atuam juntas em grupos produtivos? Como fazer com que pessoas, que às vezes passam muito tempo juntas, possam criar laços relacionais que tornem suas vidas e existências melhores, mais felizes?

Infelizmente, para a maior parte das instituições a que pertencemos, somos mais "bando" ou "amontoado" de gente do que pessoas interagindo de forma produtiva, isto é, grupo...

Um de nossos grandes objetivos com a presente obra é instrumentalizar pessoas através da Dinâmica de Grupo a serem formadoras de grupo, que é algo muito diferente de conglomerado de pessoas num mesmo espaço e tempo.

Nossa trajetória acadêmica e profissional tem-nos ensinado muito sobre grupos, e é um pouco destas vivências, desde aquelas de nossos grupos comunitários na Baixada Fluminense até nossas aulas de aprendizado de grupo no doutorado da Fiocruz, que gostaríamos de compartilhar nestas páginas. Experiências que não só fizeram crescer a quem participava, mas que nos transformaram a cada encontro vivido.

Alguém já disse que a cada encontro que vivemos levamos um pouco de cada pessoa e deixamos um pouco de nós.

A "pisada da cena" em cada grupo não nos deixa iguais ao que éramos antes de passar por lá.

A "alma do grupo" pode, quando este já é grupo, impactar de tal forma cada participante que pode mudar "atitudes socais" (estas como fenômeno da Psicologia Social) e, através daí, seus comportamentos. Se este processo for continuado, há uma grande possibilidade de mudança na Cultura Organizacional deste grupo.

Nossa intenção com este livro não foi trazer mais um catálogo de dinâmicas. Foi aprofundar uma reflexão sobre grupos e dinâmica de grupos. O leitor vai encontrar embasamentos teóricos e reflexões, respaldo e pano de fundo para cada dinâmica. Tentamos aqui contextualizá-las. Fizemos com que cada uma estivesse inserida dentro de uma reflexão, para que fizesse mais sentido, aumentando sua eficácia no grupo de trabalho.

NOSSA BASE TEÓRICA...

Estudos atuais sobre a evolução da sociedade contemporânea, relativos às atividades humanas, revelam que as pessoas podem atuar em três ênfases principais: *sobre coisas, sobre idéias* ou *sobre pessoas*. Atualmente, mais do que em qualquer outra época, valoriza-se o desenvolvimento das habilidades na atuação com pessoas.

Franco Lo Presti, da Fundação Getulio Vargas, afirmou que hoje as pessoas que alcançaram altos postos em suas carreiras o fizeram não pelo que foram capazes de fazer com *as coisas*, mas sim pelo que puderam fazer com *as pessoas* através da comunicação. Daí a necessidade cada vez mais urgente de aprendermos a desenvolver nossas habilidades para lidar com pessoas. Ou, ainda, de aprendermos a aprender com elas.

Para atender à necessidade de adequação às constantes e velozes mudanças de comportamento da sociedade relativas ao trabalho em grupo em suas mais variadas dimensões – que deveria ser considerada de fundamental relevância para os membros das organizações contemporâneas –, surge a **Educação de Laboratório** como tentativa de resposta à necessidade de ajustamento prático a estas mudanças.

Esta consiste basicamente na *Aplicação de Técnicas de Treinamento*, com vários objetivos, dentre os quais destacamos a sensibilização do grupo, dinâmica interpessoal que ocorre na prática entre os indivíduos que dela participam; a descoberta do indivíduo pelo autoconhecimento adquirido em situações reais; a conscientização dos *processos em grupo*; o exame de casos pela observação vivencial.

Outro alvo importante desta metodologia é a busca da *conscientização* pela reformulação de paradigmas, além da percepção que as possibilidades de mudanças nas situações podem gerar através dos sentimentos internos e externos.

Sobre a **Educação de Laboratório**, a Psicóloga e Mestre da Fundação Getulio Vargas, Fela Moscovici[1], diz o seguinte:

> "Toda a conscientização traz em si as possibilidades de mudança, através da nova percepção interna ou externa. Se a percepção se modifica, vários outros planos do processo psicológico também se modificam, levando o indivíduo não apenas a ver diferente, mas a sentir e a pensar de forma diferente e, conseqüentemente, a agir de outra maneira."

A aprendizagem pela vivência global é o cerne da **Educação de Laboratório** que desejamos apresentar nesta obra. É a aprendizagem através do envolvimento ou do desenvolvimento, do espírito crítico-criativo, do exame participativo, que consiste no mais abrangente aspecto: o objetivo, *lado a lado*, com o subjetivo.

Deste modo, o método se torna atraente, pois se dedica a observar e a informar não somente o conteúdo, mas se volta principalmente para o processo **do como** aconteceu e não somente **o que** aconteceu.

Fela Moscovici acrescenta que, se um indivíduo aprende a desenvolver um pensar crítico e, ainda, a superar situações novas aprendendo a confiar em si e nos outros, ele estará mais apto aos desafios da mudança.

A proposta da **Educação de Laboratório** sugere que os participantes alcancem o caráter experiencial da situação de treinamento, sendo encorajados a experimentar comportamentos diferentes do padrão, sem as conseqüências do que vivem na vida real.

Quando chamamos um grupo de líderes a vivenciar situações de laboratório, na verdade estamos estimulando-o a desenvolver suas atitudes em tarefas que exigirão tomadas de decisão, iniciativa, perdão, tolerân-

---
[1] Desenvolvimento Interpessoal. *Rio de Janeiro: José Olympio, 1996. 276 pp.*

cia, espírito de equipe etc., que são exatamente aquelas que um grupo de sucesso deverá vivenciar em situação real.

Podemos então dizer que **Educação de Laboratório** é sinônimo de preparar para mudança. Aprender a aprender. Preparar para aprender a aprender o que mudar.

Desejamos que estes instrumentos que ora apresentamos possam ser de fato úteis ao crescimento do conhecimento do grupo e dos relacionamentos criativos que dele surgirão.

REPENSANDO PARADIGMAS...

As organizações que mais crescem hoje em dia, como nos informa Peter Senge em seu livro[2], são as *organizações de aprendizagem*.

Escolas, empresas, igrejas, sindicatos são grandes organizações de aprendizagem. Para Peter Senge, essas organizações *"aprendem a aprender"*, *"aprendem a atuar"* em suas áreas específicas de abordagem.

Compreendemos que, nesta percepção de busca da aprendizagem, as organizações que querem crescer precisam se instrumentalizar. Precisam *aprender a fazer melhor* aquilo que se propuseram fazer.

Temos percebido, pelas igrejas do Brasil, que as organizações que têm crescido hoje, tanto quantitativa como qualitativamente, são aquelas que têm investido tempo no treinamento de suas lideranças e no crescimento de sua relação enquanto grupo.

As possibilidades da Dinâmica de Grupo como instrumento de transformação das pessoas são incalculáveis. E como denomina Fela Moscovici, **Educação de Laboratório** é um método vivencial que procura desenvolver mudanças atitudinais através de vivências.

Estamos falando de uma metodologia que atua no indivíduo de forma muito mais abrangente.

Paul Campbell Dinsmore, famoso consultor de empresas, citando *pesquisas de aprendizagem*, identifica que os indivíduos retêm no processo de aprendizagem:

---

[2] A Quinta Disciplina. *São Paulo: Best Seller, 1995. 352p.*

– **23%** apenas daquilo que *só ouvem*;

– **43%** do que *vêem* e *ouvem*.

Essa retenção de aprendizagem salta significativamente para **70%** daquilo que as pessoas **vêem, ouvem e experienciam, simultaneamente**.

Outra chave para o sucesso desta metodologia é o desenvolvimento da aplicação do *Método Socrático* da *Maiêutica, que consiste em estimular o participante do grupo a alcançar o seu próprio aprendizado*. Através da sua experiência e das associações que ele construiu. Através do exercício da vivência dentro do grupo, ele é estimulado a construir as suas próprias respostas.

A postura do facilitador é esta: *não dar as respostas*, mas estimular cada indivíduo do grupo a aplicar aquele exercício à sua vida. É a partir desta relação que o indivíduo vai fazendo entre o vivencial da dinâmica e a sua prática que a nova atitude vai sendo assimilada.

É sobre isso que queremos refletir e convidar cada leitor a embarcar conosco nesta viagem. Viagem para dentro da alma do grupo, utilizando como transporte a dinâmica de grupo...

Capítulo 1

O Grupo e a Dinâmica de Grupo

"Para que o mau triunfe, basta que os homens bons não façam nada."
Edmund Burke

O GRUPO

Ana Bahia Bock define o grupo como um todo dinâmico (o que significa dizer que ele é mais que a simples soma de seus membros) e que a mudança no estado de qualquer subparte modifica o estado do grupo como um todo.

Já para Minicucci, para que um conglomerado de pessoas possa ser considerado grupo três são as condições necessárias:

a) possuir uma unidade reconhecível (que também podemos definir como objetivo comum);

b) ter uma interdependência entre os membros (algo diferente de dependência e diferente de independência e que poderíamos chamar de compartilhamento e parceria);

c) interação (trata-se das modificações de comportamento que se dá quando duas ou mais pessoas se encontram e entram em contato.

Clarificando mais o último tópico, Fela Moscovici dirá que interação se refere à presença estimuladora do outro, produzindo comportamentos manifestos ou não manifestos, verbais ou não verbais. Mesmo quando não nos dão atenção, ou nos rejeitam, isto também é interação, pois nos comunica algo.

Jorge Valadares, da Fiocruz, diz que o grupo é o lugar de "pisada na cena". Ele pode ser um dos raríssimos lugares onde se oportuniza aos seus membros o desafio do confronto. Confronto de idéias...

Vivemos a sociedade do "não-pensar", do "não-discutir", do "não refletir". Jean Pierre Lebrun vai dizer que não há mais confronto de idéias: as escolas se tornaram momentos de "cuspe-giz", e sabemos que só se educa se se confronta!

Nós nos esquecemos das palavras de Voltaire:

> *"Posso discordar de você, mas lutarei até a morte para permitir que você fale."*

Por isso, o grupo é um lugar privilegiado. Ainda que se tenham as influências dos diversos atravessamentos que cada participante traz, além dos institucionais e dos circunstanciais, é no grupo que muito de nós pode ser mudado.

Alguém já disse: "Toda pessoa que passa por nossa vida não passa sozinho, nem nos deixará sós. Leva sempre um pouco de nós e deixa sempre um pouco de si."

O grupo pode ser um lugar de crescimento e a pergunta que precisa perpassar sempre para cada participante é: "Já somos um grupo?"

A DINÂMICA DE GRUPO

Cartwright & Zander foram dois pioneiros nos trabalhos da área da Dinâmica de Grupo, que compilaram a obra de Kurt Lewin e de seus companheiros em um manual que passou a ser referência neste campo de conhecimento. Neste manual, eles detalham uma das pesquisas de maior importância nos primórdios da Dinâmica de Grupo. Tratava-se de uma pesquisa sobre **atmosfera de grupo** e **estilos de liderança**.

Separaram um grupo de crianças de 10 a 11 anos que deviam se reunir num período de várias semanas sob a liderança de um adulto, que provocaria diferentes atmosferas de grupo. Esse grupo reuniu-se para um projeto educacional, e as crianças foram divididas através de testes de personalidade em três tipos: personalidade autoritária, personalidade democrática e personalidade *laissez-faire* (permissiva).

Os resultados mostraram que:

> "Nos grupos autocráticos, apareceram de bodes expiatórios e, muitas vezes, as crianças destruíam o trabalho que haviam construído.
>
> O grupo democrático foi o que apresentou melhores resultados.
>
> O nível de agressividade da criança mudava para o nível médio de agressividade do grupo a que ela era transferida."

As repercussões desse experimento tiveram grande alcance na área da Psicologia de Grupo e na área da Psicologia Organizacional, pois deram início a toda uma nova forma de pensar a questão da eficácia grupal, que passou, a partir de então, a ser baseada no tipo de liderança e na atmosfera do respectivo grupo.

Nosso tipo de intervenção vai ser denominado por Fela Moscovici como *Educação de Laboratório*, que ela vai definir por:

> *"...um conjunto metodológico visando a mudanças pessoais a partir de aprendizagens baseadas em experiências diretas ou vivências."*

Esta autora afirma que a educação de laboratório vai atender a "meta-objetivos" em relação a um grupo de trabalho, como: aprender a aprender, aprender a dar ajuda e participação eficiente em grupo. Como cada pessoa vive em grupo, só alcançará felicidade e realização se aprender a se relacionar.

A *Educação de Laboratório* propõe aprendizagem pela vivência global. Em outras palavras, "a exploração, o exame, a análise" de cada situação nova, em seu aspecto dialético, o lado objetivo e subjetivo.

Em nossas aulas, definimos Dinâmica de Grupo como:

> *"...uma técnica pedagógica de aprendizado coletivo, que se utiliza de vivências, vídeos, poesia, textos e uma diversidade de recursos visando a criar uma simulação do real, sem os custos do real; com a finalidade de promover mudanças atitudinais."*

E, lembrando Belo, tudo isso de uma forma *"lúdica, lazerosa e leve"*.

E expressando de maneira primorosa o que temos vivenciado em nossa práxis, Fela vai dizer que:

> *"...o laboratório de treinamento e desenvolvimento interpessoal utiliza uma abordagem vivencial em que a experiência de cada participante, dentro de uma experiência global compartilhada no espaço/tempo do grupo, aqui-e-agora, serve de ponto de partida para a aprendizagem de cada um e de todos."*

Outra observação bastante rica de Fela é a comparação que esta autora faz entre a Psicoterapia de Grupo e o Laboratório de Sensibilidade.

Enquanto na primeira a orientação predominante é ajudar os membros a alcançar *insights* sobre suas dificuldades, permitindo alívio de suas ansiedades e processos neuróticos, no laboratório a busca principal é possibilitar maior sensibilidade dos seus membros em relação ao seu próprio funcionamento enquanto grupo, oportunizando *insight* sobre os *pontos cegos* no relacionamento um com os outros.

Para Moscovici (1989), aprendizagem é um processo complexo, que precisa se dar numa perspectiva holística, envolvendo o indivíduo como um todo, não só sua parte cognitiva.

O objetivo principal do laboratório de sensibilidade é desenvolver a competência interpessoal, definida como a habilidade de lidar de forma eficaz com as outras pessoas, desenvolvendo relacionamentos produtivos.

Acrescentando material para reflexão de nossa peculiar metodologia de intervenção, cabe trazer Knowles (1973), que discute as diferenças entre a aprendizagem de adultos e crianças/jovens.

As crianças/jovens aprendem para o futuro, os adultos aprendem para aplicação imediata às suas vidas e às atividades que exercem. As crianças/jovens muitas vezes carecem de experiência anterior, os adultos dispõe de um repertório de experiências e marcas que o laboratório de sensibilidade pode "tocar", causando impacto significativo.

Gonçalves e Chiode (2000) colocam com grande propriedade a importância dos trabalhos dinamizados:

> *"Este caminho que se inicia com a mudança de cada pessoa (dimensão do indivíduo) desenvolve-se enquanto mudança do grupo (dimensão do coletivo). Esta é uma dialética: a mudança é provocada tanto do indivíduo para o grupo quanto do grupo para o indivíduo."*

Estas autoras fazem ainda uma interessante reflexão, a partir da concepção de Vigotsky, sobre o "brinquedo", na qual ele cita que o brinquedo é a oportunidade de a criança aprender as regras sem dor, isto é, aprender a regra pelo desejo. Transferindo da criança para o adulto, as autoras dirão que o mesmo efeito que o brinquedo tem sobre a criança também ocorrerá com os adultos, daí afirmarão:

1. O Grupo e a Dinâmica de Grupo

> *"O uso de dinâmicas nos processos alternativos de educação em grupos visa a proporcionar momentos educativos que possibilitem ao grupo vivenciar situações inovadoras em todos os níveis. Ao confrontar comportamentos, hábitos, valores e conhecimentos, espera-se que os participantes sejam levados a uma avaliação e à reelaboração individual evolutiva, podendo assim potencializar o grupo no aprimoramento da subjetividade."*

Elas dizem ainda que as dinâmicas não devem ser usadas como uma *"varinha mágica"*, mas como uma estratégia pedagógica quando se busca estabelecer uma filosofia formativa, alvos bastante discutidos e claros.

E de uma maneira bonita e contextualizada as autoras citam Rubem Alves:

> *"Só aprendemos aquelas coisas que nos dão prazer e é a partir de sua vivência que surgem a disciplina e a vontade de aprender."*

Já para Macruz, Fazzi, Dayrell e Inácio as técnicas de grupo são:

> *"...a expressão de uma postura metodológica que reconhece a dimensão do lúdico, do prazer como parte integrante do processo educativo."*

Dirão também que a ludicidade propiciada através da dinâmica de grupo pode ser facilitadora para a existência do grupo, resgatando a alegria, permitindo a aproximação e oportunizando a diminuição das resistências.

> *"As técnicas oportunizam o nível de aprimoramento das subjetividades individuais e o nível do próprio processo de construção do conhecimento."*

Marques (2002) parte da idéia de que *"todos somos mestres e aprendizes"*, e ressalta o quanto quem trabalha com grupos sabe como se aprende com eles.

Brotto (2002), refletindo sobre Jogos Cooperativos, diz que:

> "...podemos vivenciar os Jogos Cooperativos como uma prática re-educativa, capaz até de transformar nosso Condicionamento Competitivo em Alternativas Cooperativas para realizar desafios, solucionar problemas e harmonizar os conflitos."

Brotto reflete também o quanto o sucesso do treinamento está ligado à sensibilidade de o facilitador manejar o jogo e, como o jogo propõe um alargamento da percepção da realidade refletida no jogo, ele propõe que:

> "...jogamos de acordo com nosso jeito de ver-e-viver cada situação; e temos três formas de ver (perceber) as situações da vida e, portanto, três formas de viver (agir) em nossa vida:
> – competição (individualismo);
> – cooperação (encontro);
> – competição (confronto)."

De maneira prática e pedagógica, Fábio Brotto localiza estas três maneiras de "jogar" trabalhando os grupos na percepção destes paradigmas.

Numa defesa dos Jogos de Empresa, Gramigna (2002) vai posicionar-se em relação a uma divergência citada em revista de circulação nacional, na qual se questionava acerca dos Jogos, como "técnica de infantilização de adultos, ou instrumento relevante da aprendizagem?"

Esta autora, como profissional da área de recursos humanos atuando na linha participativa e construtivista, denomina estas técnicas de "Aprendizagem Vivencial" e afirma que:

> "...os jogos de empresa nada mais são que recursos pedagógicos que tentam resgatar uma característica que o homem ocidental perdeu: a sua naturalidade e espontaneidade."

A autora cita que pelos seus 16 anos de experiência tem percebido cada vez maior adesão de profissionais de vanguarda aos jogos empresariais, e confirma que o *feedback* dos treinandos em relação à eficácia tem sido bastante gratificante.

Machado (1987), diretor da Cidade do Cérebro da UERJ, apresentando sua dissertação no *First European Salt Conference*, Suécia (1984), diz que:

> *"a aprendizagem humana é principalmente uma função do Sistema Límbico (hemisfério direito). A emoção, a sensação e o contexto – todos exercem um papel muito mais significativo no desempenho intelectual e de aprendizagem do que os fatores lógicos e conscientes com base nos quais todos nós pensávamos estar operando..."*

O cérebro cria padrões de acordo com o fim a ser atingido. Os circuitos neuroglandulares que vão tornar possíveis os atos de inteligência podem ser treinados, daí a afirmação de que podemos ensinar inteligência.

Diz Machado:

> *"Inteligência não é algo continuado. Ninguém é inteligente o tempo todo. Existem atos de inteligência, que devem corresponder à ativação dos circuitos que mobilizam a faculdade das inteligências."*

Quando enfrentamos uma situação que demanda um ato de inteligência, determinados circuitos neuroglandulares são ativados. Depois, diante de uma situação semelhante ou análoga (com semelhanças nas relações), os mesmos circuitos são reativados, ficando não só reforçados mas também desenvolvidos com a repetição criativa.

Aqui reside a força da Dinâmica de Grupo: a possibilidade de criar situações que levem os participantes a desenvolver certos tipos de comportamento, **padrões específicos de inteligência** ou determinadas inteligências, de tal forma que, uma vez ativados, em situação similar no dia-a-dia da organização, os mesmos circuitos possam ser novamente ativados.

Este autor traz o conceito *Emotizar*, que é diferente de *Emocionar*. Para ele, emocionar é provocar emoções; já emotizar seria "criar entusiasmo em torno do que se vai fazer"... E a pergunta que nossa metodologia se propôs a responder é: como emotizar no dia-a-dia do trabalho as lideranças que não sabem liderar e grupos de funcionários muitas vezes desmotivados?

O autor afirma que imagens, sons, ritmos, luzes, cores, odores, poesias, músicas, histórias e dramatizações, quando usadas de forma pedagogicamente corretas, têm o poder de *emotizar* o sistema límbico e disparar o código hormonal correspondente às inteligências que se deseja estimular.

*"Diga-me e eu esquecerei,
ensina-me e eu lembrarei,
envolva-me e eu aprenderei."*

Nos sábios dizeres de Benjamin Franklin, reside uma das grandes verdades constatadas em nossa *metodologia de mudança cultural*, que encontrou no Sistema Límbico (no hemisfério direito do cérebro), através da emoção e da relevância do contexto/clima, a chave para realizar a *emotização*.

E a força de uma abordagem neste nível é suficientemente consistente para transformar equipes desmotivadas em equipes de alta *performance*; desenvolver chefias autoritárias em líderes de *coaching*, além de alterar climas organizacionais pesados levando-os a climas profícuos e motivacionais, e aulas pesadas e monótonas em momentos de alegria, descontração, crescimento e prazer.

Capítulo 3
Liderança

"Há homens que lutam um dia
e são bons.
Há outros que lutam um ano
e são melhores.
Há aqueles que lutam muitos anos
e são muito bons.
Porém, há os que lutam toda a vida.
Estes são os imprescindíveis."
Berthold Brecht

ROMPIMENTO

Mudança de Postura, Hábitos e Atitudes

Gostamos muito de começar nossos treinamentos utilizando a figura anterior, que extraímos das aulas de qualidade total do curso de pós-graduação da Universidade Gama Filho-RJ. Compreendemos que qualquer atuação em direção ao crescimento implica um rompimento, implica mudanças de postura.

PARA QUE MUDAR???

– Mudamos para sobreviver. Mudamos para continuar a existir. Mudamos para manter nossas posições, nosso casamento, nosso emprego etc.

– Os grandes consultores têm dito que a única certeza que temos é a mudança; por isso, quem não muda tende a desaparecer.

– O livro *Quem mexeu no meu queijo* esclarece que precisamos estar preparados para mudar rapidamente, *muitas vezes*.

– E o grupo pode-nos ajudar muito a enfrentar este *novo*, a correr estes riscos.

– Guimarães Rosa diz: "Viver é muito perigoso..."

– Só com muita coragem, disposição e ousadia conseguiremos enfrentar os desafios que nos são colocados a cada dia, enquanto indivíduos e como profissionais.

– Num grupo onde se trabalha a "Mudança", há grandes probabilidades de que os efeitos deste novo possam ser mais bem suportados, pois não estamos sozinhos nesta mudança...

– Seja numa família, vivenciando um novo momento, seja num departamento, numa organização passando por transformações estruturais ou novos processos operacionais, a atuação dinamizada para trabalhar e vivenciar este novo pode ser de fundamental importância.

– O novo pode causar muito medo nas pessoas, mas, se nos colocarmos juntos como grupo neste "salto", é grande a possibilidade de alcançarmos o "outro lado".

Aprendemos com Cesar Souza, em seu livro *Você é do Tamanho dos Seus Sonhos*, uma linda lição de Fernando Sabino:

De tudo ficaram Três coisas:

A certeza de que estamos sempre começando

A certeza de que é preciso continuar,

E de que seremos interrompidos antes de terminar.

Por isso, devemos:

> *Fazer da interrupção um caminho novo.*
> *Da queda, um passo de dança.*
> *Do sonho, uma ponte.*
> *Do medo, uma escada.*
> *Da procura, um encontro.*

Euclides Redin expressa em palavras o nosso desejo nestes novos tempos:

> *"Estamos à espera da construção de novos paradigmas que deverão ser excepcionais, porque os tempos são excepcionais."*

Recebi um *e-mail* que vale a pena acrescentar em nossas reflexões sobre mudanças:

PONHA UM TUBARÃO NO SEU TANQUE

Os japoneses sempre adoraram peixe fresco. Porém, as águas perto do Japão não produzem muitos peixes há décadas. Assim, para alimentar a sua população, os japoneses aumentaram o tamanho dos navios pesqueiros e começaram a pescar mais longe do que nunca. Quanto mais longe os pescadores iam, mais tempo levava para o peixe chegar. Se a viagem de volta levasse mais do que alguns dias, o peixe já não era mais fresco.

E os japoneses não gostaram do gosto destes peixes. Para resolverem este problemas, as empresas de pesca instalaram congeladores em seus barcos. Eles pescavam e congelavam os peixes em alto-mar. Os congeladores permitiram que os navios pesqueiros fossem mais longe e ficassem em alto-mar por muito mais tempo.

Entretanto, os japoneses conseguiram notar a diferença entre peixe fresco e peixe congelado, e, é claro, eles não gostaram do gosto do peixe congelado.

Mas o peixe congelado tornou os preços mais baixos e então as empresas de pesca instalaram tanques de peixe nos navios pesqueiros. Eles podiam pescar e enfiar esses peixes nos tanques, "como sardinhas".

Depois de certo tempo, pela falta de espaço, os peixes paravam de se debater e não se movimentavam mais. Eles chegavam cansados e abatidos, porém, vivos.

Infelizmente, os japoneses ainda podiam notar a diferença do gosto. Por não se mexerem por dias, os peixes perdiam o gosto de frescor. Os japoneses preferiam o gosto de peixe fresco e não o gosto de peixe apático.

Então, como os japoneses resolveram este problema? Como eles conseguiram trazer ao Japão peixes com gosto de puro frescor?

Se você estivesse dando consultoria para a empresa de pesca, o que você recomendaria?

Quando as pessoas atingem seus objetivos, como quando encontram um namorado maravilhoso, ou começam com sucesso numa empresa nova, ou pagam as suas dívidas, ou o que quer que seja, elas podem perder suas paixões.

Elas podem começar a pensar que não precisam mais trabalhar tanto, então relaxam. Elas passam pelo mesmo problema que os ganhadores de loteria que gastam todo o seu dinheiro, o mesmo problema de herdeiros que nunca crescem e de donas-de-casa, que ficam dependentes de remédio de tarja preta. Para esses problemas, inclusive no caso dos peixes dos japoneses, a solução é bem simples.

L. Ron Hubbard observou no começo dos anos 50:

"O homem progride, estranhamente, somente perante um ambiente desafiador."

Quanto mais inteligente, persistente e competitivo você é, mais você gosta de um bom problema.

Se seus desafios estão de um tamanho correto e, passo a passo, você consegue conquistar esses desafios, você fica muito feliz. Você pensa em seus desafios e se sente com mais energia. Você fica excitado em tentar novas soluções. Você se diverte. Você fica vivo!

Para conservar o gosto de peixe fresco, as empresas de pesca japonesas ainda colocam os peixes dentro de tanques. Mas eles também adicionam um pequeno tubarão em cada tanque. O tubarão come alguns peixes, mas a maioria dos peixes chega "muito vivo". Os peixes são desafiados.

Portanto, em vez de evitar desafios, pule dentro deles. Massacre-os. Curta o jogo. Se seus desafios são muito grandes e numerosos, não desista. Reorganize-se! Busque mais determinação, mais conhecimento e mais ajuda.

Se você alcançou seus objetivos, coloque objetivos maiores. Uma vez que suas necessidades pessoais ou familiares forem atingidas, vá ao encontro dos objetivos do seu grupo, da sociedade e até mesmo da humanidade. Crie seu sucesso pessoal e não se acomode nele.

Você tem recursos, habilidades e destrezas para fazer diferença.

Então, ponha um tubarão no seu tanque e veja quão longe você realmente pode chegar.

E pra terminar a ilustração dos três sapos.

A História dos Três Sapos

Se existem três sapos numa folha, e um deles decide pular da folha para a água, quantos sapos restam na folha?

A resposta certa é: três sapos.

Porque o sapo apenas decidiu pular. Ele não fez isso...

Não somos aquele sapo, muitas vezes? Decidimos fazer algo, mas no final acabamos não fazendo nada?

A maior parte dos erros se deve a indecisões. Temos que viver com a conseqüência das nossas decisões.

E isto é arriscar. Tudo é arriscar.

Rir é correr o risco de parecer um tolo. Chorar é correr o risco de parecer sentimental. Abrir-se para alguém é arriscar envolvimento. Expor os sentimentos é arriscar a expor-se a si mesmo. Expor suas idéias e sonhos é arriscar-se a perdê-los. Amar é correr risco de não ser amado. Viver é correr o risco de morrer. Ter esperança é correr o risco de se decepcionar. Tentar é correr o risco de falhar. Os riscos precisam ser enfrentados, porque o maior fracasso da vida é não arriscar nada.

A pessoa que não arrisca nada, não faz nada, não tem nada, não é nada. Ela pode evitar o sofrimento e a dor, mas não aprende, não sente, não muda, não cresce ou vive. Presa à sua solidão, é uma escrava que teme a liberdade. Apenas quem arrisca é livre.

O pessimista queixa-se dos ventos; o otimista espera que mudem; o realista ajusta as velas.

REFLEXÃO: FILME – *SOCIEDADE DOS POETAS MORTOS*

Paradigmas...

Estou em pé em minha mesa, para me lembrar de que devemos constantemente olhar as coisas de uma forma diferente. Sabem, o mundo parece muito diferente visto daqui. Quando vocês pensam que conhecem uma coisa, devem olhá-la de outra maneira, mesmo que isto pareça tolo ou errado. Ao ler, não considerem apenas o que o autor pensa, mas também o que vocês pensam.

Rapazes, vocês precisam se esforçar para achar sua própria voz, porque quanto mais esperarem para começar, menor será a probabilidade de achá-la. Thoreau disse: "A maioria dos homens leva vida de desespero silencioso." Não se resignem com isso. Rompam!!! Não andem por aí como pequenos roedores... Olhem à sua volta! Tenham ousadia para investigar e achar novos territórios.

Discurso de Robin Willians como Prof. Keating
no Filme *A Sociedade dos Poetas Mortos*.

Ainda nos momentos iniciais de nossos treinamentos e aulas, estimulamos os participantes a lerem em conjunto aquele texto, extraído de uma das cenas mais bonitas do filme *A sociedade dos Poetas Mortos*.

Um detalhe fundamental: sempre solicitamos aos participantes que fiquem em pé em suas cadeiras e fazemos a leitura nesta posição, em uníssono.

Ilustração: A Cidade dos Gatos

"Um mestre, certa vez, saiu para meditar, como era o seu costume. Neste dia, resolveu meditar embaixo de uma bela e frondosa árvore. Como sempre, a conduta do mestre era atentamente observada pelos seus discípulos, que ficavam à distância, para não perturbarem a 'produção de sabedoria'...

Ao começar sua meditação, o mestre observou que havia um gato próximo à arvore que miava seguidamente. O mestre, então, interrompeu sua meditação e resolveu prender o gato longe dali, para que não o interrompesse mais. Levantou-se, amarrou o gato numa corda, levou-o atado até o outro lado distante de onde estava, prendendo o bichano para se assegurar de que o mesmo não retornaria.

Seus discípulos, ao observarem a atitude do mestre, julgaram ser uma maneira nova e interessante de 'produção de sabedoria'...

No dia seguinte, o mestre saiu a meditar novamente e qual não foi sua surpresa ao avistar um de seus discípulos se aproximando da árvore da meditação, trazendo um gato amarrado numa corda.

O tempo foi passando e todos os discípulos passaram a adotar a 'nova técnica de meditação', a ponto de terem de mandar trazer gatos de outras cidades para atender à demanda.

Tempos depois, a cidade possuía tantos gatos que passou a protegê-los por julgá-los 'sagrados'... Ninguém sabia (nem se preocupou em saber) como tudo começou..."

Mudar é semelhante a amar, pois exige renúncia de nossa parte. Só quem ama é capaz de mudar.

Em um dos menores e mais belos poemas, denominado *Carreto*, Mário Quintana nos dá uma grande lição:

"Amar é mudar a alma de casa..."

A seguir, apresentaremos dois exercícios de percepção que serão úteis para trabalhar na argumentação das questões apresentadas neste capítulo.

Exercício de Percepção 1:

Esta é uma figura clássica trabalhada pela Psicologia, na qual se pode perceber o perfil de uma moça e o perfil de uma velha. Pergunte ao seu grupo: *O que vocês vêem nesta figura?* Depois trabalhe sobre o significado das diferentes percepções.

Exercício de Percepção 2:

BSAENISLAENTRAAS

1) O facilitador deverá escrever esta palavra num quadro ou em folhas de papel, previamente preparadas.

2) O facilitador deverá solicitar ao grupo que *"tente retirar seis letras"* da palavra acima.

3) O facilitador informará que o grupo encontrará como resposta algo que as pessoas gostam de comer.

Solução:

A *chave da solução* deste problema de percepção não está em retirar seis letras, numericamente falando (a tarefa implicará uma percepção mais aguçada), e, sim, retirar literalmente:

2. Mudanças

SEIS LETRAS

BSAENISLAENTRAAS

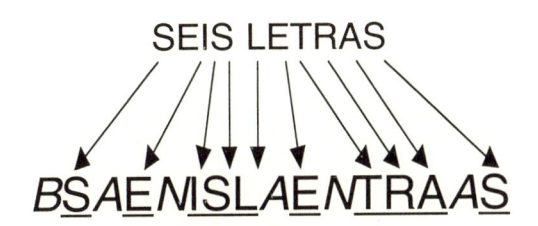

Resposta: BANANA

> *Reflexão:* Às vezes, enganamo-nos em nossos julgamentos. Como temos percebido aquilo que ouvimos?

DINÂMICA DOS BASTÕES

Objetivo operacional

Fazer com o grupo, em seqüência, crie e repita gestos ou ritmos, utilizando os bastões de madeira.

Procedimentos

– O facilitador solicitará ao grupo que se posicione em círculo, preferencialmente em cadeiras com braço ou carteiras.

– Cada membro do grupo receberá dois bastões de madeira iguais.

– O facilitador ou um líder escolhido pelo grupo iniciará a tarefa *criando um ritmo* ou um gesto com os bastões.

– Na seqüência, o membro do grupo que está ao lado **deverá copiar o ritmo ou gesto anterior** e **criar um novo**.

– O facilitador deverá estar atento para verificar se os membros do grupo estão-se limitando a copiar o ritmo e não estão criando o seu próprio. Caso isto ocorra, o facilitador deverá parar o exercício e reiniciá-lo, desta vez no sentido inverso ao que se iniciou anteriormente.

– O facilitador interromperá a seqüência do exercício até que o grupo execute a tarefa corretamente, comemorando no final.

👉 Recomendações

O facilitador deve sugerir que os participantes desenvolvam movimentos criativos, mas não muito difíceis, para viabilizar a repetição por parte do colega subseqüente.

👁 Aplicação

Ao final da dinâmica, todo o grupo se *posiciona em círculo para a avaliação da tarefa*. O facilitador solicitará ao grupo, usando a técnica da *maiêutica*, que ele exponha seus sentimentos e o que foi necessário para o sucesso (ou insucesso) no cumprimento da tarefa.

O facilitador concluirá, após a exposição das idéias do grupo, que estas características são importantes dentro da organização.

👂 Temas sugeridos para a aplicação

– Percepção.

– A importância da comunicação eficaz.

- *Material para dinâmica:* dois bastões por participante.
- *Tamanho do grupo:* máximo de 30 pessoas.
- *Duração:* 30 minutos, sendo 20 para dinâmica e 10 para aplicação.
- *Espaço físico:* Sala ampla.

OBSERVAÇÕES IMPORTANTÍSSIMAS
- Suas consultas às dinâmicas serão mais fáceis, observando o tema geral sugerido que se encontra ao lado de cada título das mesmas.
- É fundamental que, ao final de todas as dinâmicas, o facilitador faça sempre as APLICAÇÕES da mesma. Se isto não ocorrer, as dinâmicas se tornarão mera brincadeira.
- Nunca se esqueça de introduzir na aplicação, a base bíblica sugerida em cada dinâmica.
- Ao final de cada dinâmica, não deixe de orar com o grupo.

Capítulo 3
Liderança

*"Há homens que lutam um dia
e são bons.
Há outros que lutam um ano
e são melhores.
Há aqueles que lutam muitos anos
e são muito bons.
Porém, há os que lutam toda a vida.
Estes são os imprescindíveis."*
Berthold Brecht

3. Liderança

São muitas as características que o líder precisa desenvolver buscando a eficácia de sua atuação.

Atuando em consultoria de empresas há vários anos, temos percebido que os líderes que apresentam os melhores resultados são aqueles que estão *inteiros* naquilo que fazem. O consultor Valdez Ludwig diz em suas palestras que a principal característica do líder é gostar do que faz. Pois, segundo ele:

> *"Ninguém faz um trabalho espetacular naquilo que não gosta."*

Dificilmente poderemos fazer um trabalho espetacular em uma área da qual não gostamos, se não tivermos um envolvimento completo. Há um poema de *Fernando Pessoa* que demonstra muito desta *inteireza* de que falamos.

> *Para ser grande*
>   *sê inteiro.*
> *Nada teu exagera*
>   *ou exclui.*
> *Sê todo em cada coisa.*
> *Põe quanto és*
>   *no mínimo que fazes.*
> *Assim, em cada lago*
>   *a lua toda brilha,*
>   *porque alta vive.*

Aqui, o grande poeta fala de equilíbrio (*Nada exagera ou exclui...*). Fala dos detalhes. Muitas vezes, a diferença entre o bem-feito e o malfeito está justamente nos detalhes... (*Põe quanto és no mínimo que fazes...*). E justifica a razão de todo o brilho da lua, na altura, na inteireza com que esta se coloca.

REFLEXÃO: MATRIZ DA COMUNICAÇÃO EFICAZ

CONTEÚDO / MOTIVAÇÃO	VERDADE	MENTIRA
AMOR	VERDADE com AMOR	MENTIRA com AMOR
DESAMOR	VERDADE com DESAMOR	MENTIRA com DESAMOR

Uma outra característica importantíssima que o líder deve ter é o *compromisso com a Verdade*.

Como forma de exposição desta verdade, o psicólogo Kleber Nascimento desenvolveu um modelo denominado: *Matriz da Comunicação Eficaz*, que é um instrumento riquíssimo para entendermos a proposta de Jesus em relação à postura de cada um de nós.

Para Kleber Nascimento, toda a comunicação envolve dois conteúdos e duas formas de motivação para que estes conteúdos aconteçam.

O primeiro conteúdo que pode permear nossa comunicação (e nossas relações) é a *VERDADE*, e o segundo é a *MENTIRA*. Estes dois conteúdos, segundo o autor, podem ser fruto de duas motivações distintas: uma é o *AMOR*, a outra é o *DESAMOR*.

Quando o autor define a *Motivação Amor*, dentro da categoria que chama *Amor*, ele não se refere ao amor que denominamos Romântico. Mas, ele amplia a idéia para uma motivação mais profunda que se apresenta na atitude das pessoas, como bem-querer, bondade, respeito e consideração aos outros. Por isso mesmo; o oposto desta motivação não será apenas ódio, mas *DESAMOR*, que representa toda a forma de desrespeito, maldade ou falta de consideração para com os outros.

Quando ensinamos estes quadros nos treinamentos, montamos primeiramente a tabela com as duas motivações e os dois conteúdos. Depois, vamos fazendo os cruzamentos e pedindo ao grupo que participe na montagem da matriz.

Quando fazemos os cruzamentos dos dois *Conteúdos* com as duas *Motivações*, chegamos aos quatro cruzamentos, que, segundo o autor, representam todas as formas de comunicação que podemos desenvolver. Todas as nossas formas de comunicação estão baseadas nestes quatro parâmetros.

O primeiro cruzamento: VERDADE com AMOR

Este é o nosso grande desafio como indivíduos e em nossas organizações: desenvolvermos uma comunicação baseada na verdade com uma motivação de amor.

O segundo cruzamento: VERDADE com DESAMOR

Esta outra forma de relacionamento talvez se apresente com muito mais freqüência do que a anterior: é a ***Verdade com Desamor***. Podemos dizer que este é um tipo de comportamento ou comunicação muito comum, mesmo no meio eclesiástico. Falamos a verdade para as pessoas. Mas não tomamos cuidado no jeito de expressar esta verdade, chegamos a perder a razão por conta da *forma* muitas vezes agressiva como apresentamos a verdade, podendo magoar, até, as pessoas a quem dirigimos estas verdades.

O terceiro cruzamento: MENTIRA com AMOR

É também este terceiro quadrante um dos responsáveis por nos afastarmos da proposta de comunicação eficaz de Verdade com Amor.

A pergunta que fazemos é a seguinte: desenvolvemos em nosso meio a ***Mentira com Amor***? Infelizmente, em muitas situações, sim. Exemplo clássico de atitudes de mentira com amor é o de mães superprotetoras que não conseguem admitir que seus filhos precisam ser corrigidos.

O quarto cruzamento: MENTIRA com DESAMOR

Outra forma de comunicação é a mentira com a motivação de desamor. É talvez a forma mais terrível de comunicação dentro das organizações, dentro das famílias.

A ***Mentira com Desamor*** é a calúnia. Ela afasta pessoas, quebra relacionamentos, quebra sociedades, quebra grupos.

Reforçando esta importância do compromisso com a verdade que o líder precisa ter, gostaríamos de compartilhar alguns trechos do texto do escritor Thiago de Mello, exilado político que viveu muitos anos na Alemanha, mas que nunca deixou de amar o Brasil e a sua própria liberdade. Diz ele:

	Estatutos do Homem
Artigo 1	Fica decretado que agora vale a verdade, que agora vale a vida e que de mãos dadas trabalharemos pela vida verdadeira.
(...)	
Artigo 4	Fica decretado que o homem não precisará nunca mais duvidar do homem. Que o homem confiará no homem como a palavra confia no vento, como o vento confia no ar, como o ar confia no campo azul do céu.
§	O homem confiará no homem como o menino confia no menino.
Artigo 5	Fica decretado que os homens estão livres do jogo da mentira. Nunca mais será preciso usar a couraça do silêncio nem a armadura das palavras. O homem sentará à mesa com seu olhar limpo porque a verdade passará a ser servida antes da sobremesa.
(...)	Thiago de Melo

Para exemplific\ar também a sabedoria, gostamos sempre de mencionar a ilustração a seguir:

ILUSTRAÇÃO: AS TRÊS PENEIRAS

"Dona Flora foi transferida de seção na fábrica em que trabalhava. Para 'fazer média' com o novo gerente, logo no primeiro dia saiu-se com essa:

– *Chefe, o senhor nem imagina o que me contaram a respeito do senhor...*

Nem terminou a frase, porque "seu" Lico aparteou:

– *Espere um pouco, dona Flora. O que vai me contar já passou pelas três peneiras?*

– *Peneira? Que peneira, seu Lico?*

– *A primeira é a da VERDADE. Tem certeza de que esse fato é absolutamente verdadeiro?*

– *Não, como posso? O que sei foi o que me contaram, mas eu acho que...*

– *Então, sua história já vazou na primeira peneira. Vamos à segunda que é a da BONDADE. O que vai me contar é alguma coisa que gostaria que os outros dissessem a seu respeito?*

– *Claro que não! Deus me livre!*

– *Então, essa história vazou pela segunda peneira. Vamos ver na terceira que é a da NECESSIDADE. A senhora acha mesmo necessário contar-me esse fato ou mesmo passá-lo adiante?*

– *Não, chefe. Passando nestas peneiras vi que não sobrou nada mesmo do que eu ia contar.*"

Pensem o quanto as pessoas seriam mais felizes, se todos usassem essas três peneiras. Da próxima vez que surgir um boato por aí, passemo-no nas três peneiras antes de obedecer ao impulso de passá-lo adiante.

ILUSTRAÇÃO: DO EMU

Marins, consultor da área de Administração, antropólogo e sociólogo, em uma de suas palestras, contou uma história muito significativa, da época em que morou na Austrália.

Para os nativos do interior da Austrália, que baseiam sua economia e se sustento na caça, o Emu é um animal fundamental para a subsistência.

Emu é uma ave de grande porte da família do avestruz, que o lembra muito.

Diz ele que uma tribo com a qual teve contato tinha uma série de rituais para o dia da caça do Emu. Nos dias anteriores ao da caça, eles dançavam a dança do Emu, preparavam as armas e armadilhas específicas para pegar o bicho. Dividiam as tarefas de forma bem determinada entre eles. Enfim, tinham toda uma preparação anterior para este fim.

No dia da expedição de caça, dividiam-se em grupos da seguinte forma:

O 1º grupo, que ia na frente, era especializado em percepção de pegadas do Emu. Sabia identificar bem o que seria a pegada do Emu e as pegadas de outro animal.

O 2º grupo era o responsável pelas armas e deveria agir logo que o Emu aparecesse, a fim de caçá-lo.

O 3º grupo da expedição era responsável pelos *containers*, onde ficariam armazenados os Emus.

Marins participou de uma dessas expedições no grupo da frente, responsável pela identificação das pegadas do Emu.

Finalmente chegou o dia de sair para a caça do Emu. Então saíram pelas florestas, matas, rios, picadas e... nada de aparecer o Emu! Todos com muita fome, mas não encontravam o Emu. Continuavam pelas florestas e matas e rios, e nada! Mais rios, mais matas, e nada de achar o Emu.

De repente, Marins percebeu uma pegada de canguru! Ele ficou muito contente, parou o grupo e disse:

– Parem, parem!!! Encontrei uma pegada fresca de canguru! Ele deve estar bem perto...

Então o grupo, muito pacientemente, sentou-se com Marins e alguém deles disse o seguinte:

– Nós viemos aqui para caçar Emu. Estamos aqui com armas para caçar Emu. Nós não viemos aqui para buscar canguru. Continue procurando o Emu. E vamos em frente.

O grupo seguiu... Passou-se o tempo. Mais matas, mais florestas, mais rios, e nada de Emu... De repente, Marins percebeu o "rabinho" de uma capivara entrando numa mata próxima dali! Ele ficou tão impressionado, tão emocionado, que parou a expedição e disse:

– Eu vi uma capivara!!! A carne de capivara é deliciosa. Ela entrou ali na mata, perto de nós...

Então o grupo parou tudo, fez uma grande roda em volta dele e disse:

– Marins, nós dançamos a dança do Emu. Há vários dias, nós preparamos as armas e as armadilhas para caçar Emu. Preparamos a gaiola para guardar Emu. Todo o grupo se preparou para pegar o Emu. Então, ou você fica para caçar Emu com a gente, ou você vai embora!!!

Aplicação

Esta história contada por Marins faz-nos refletir sobre o quanto as organizações e mesmo as igrejas podem estar perdendo os seus alvos. Perdendo os seus alvos, por quê? Porque se dispersam. Têm o alvo do "Emu" e acabam olhando para as "capivaras" ou "cangurus". Olham para coisas que podem ser próximas e até interessantes, mas não são os alvos específicos para os quais estão preparadas.

Toda vez que não buscamos os alvos para os quais nos preparamos como objetivo e para os quais o Senhor nos chamou, deixamos brechas para que o inimigo coloque "capivaras" ou "cangurus" para nos desviarem cada vez mais de nosso caminho.

O consultor americano Warren Bennis escreveu um pensamento sobre o qual todos nós, como líderes, devemos nos deter para refletir:

"O novo líder é aquele que compromete as pessoas com a ação.
Que converte seguidores em líderes.
E que pode converter líderes em agentes de mudança."

A Importância do Líder

Um dos maiores educadores que conhecemos, Prof. Olavo Feijó, disse:

"O líder-educador precisa ter três características:
1) amar a sua vocação;
2) amar a sua disciplina;
3) amar o seu aluno.

Quando me lembro dos professores que mais marcaram a minha vida e formação, dou-me conta de que não foram aqueles mais brilhantes, nem tampouco os mais eruditos. Mas, foram aqueles que estiveram mais presentes na vida de nós, alunos."

E ele termina sua preleção dizendo:

"Eu não tenho que ser ótimo, eu tenho de ser Eu."

Gandhi disse uma frase que me pareceu estranha:

"Eu preciso ir atrás do meu povo para liderá-lo."

Mas tem total sentido, pois significava não ir à frente, numa postura distante...

Mas, atrás. Para entender as necessidades deles. Para estar perto deles...

Isto nos lembra um pensamento de Kalil Gibran:

"O trabalho é o amor feito visível."

E para terminar estas reflexões sobre liderança, permitam-nos trazer duas categorizações muito interessantes que são utilizadas nos projetos de orientação vocacional, onde os participantes são estimulados a refletir sobre os seus estilos pessoais de atuação.

Motivado pela tarefa	⟵⟶	Motivado pelas pessoas

O líder deve estar atento à forma com que recebe e focaliza sua energia emocional.

Como você se motiva?

É estimulado ao realizar tarefas?	X	É estimulado ao lidar com pessoas?

O líder precisa definir o que o motiva, para então definir o principal enfoque de sua atuação:
se tarefas ou pessoas.

Líder Estruturado e Desestruturado

Estruturado: prefere metas bem definidas.
Desestruturado (que não significa desorganizado): prefere trabalhar tendo mais de uma opção de estratégias.

Característica dos estilos de liderança

Apresentaremos, nas páginas a seguir, algumas dinâmicas de grupo que utilizamos para desenvolver os princípios de liderança.

Dinâmica da Rede

Fig. 1

Dinâmica da Rede – Unidade e Confiança

Objetivo operacional

O objetivo da dinâmica é fazer com que parte do grupo passe, carregado na horizontal, através do círculo existente na rede, sem, entretanto, encostar no círculo. Conforme a ilustração da Fig. 1:

– grupo A – Emissor de Voluntários;

– grupo B – Receptor de Voluntários.

Procedimentos

– O facilitador (F) deverá posicionar-se do lado do grupo A, onde o voluntário (V) estará sendo transportado (Fig. 2).

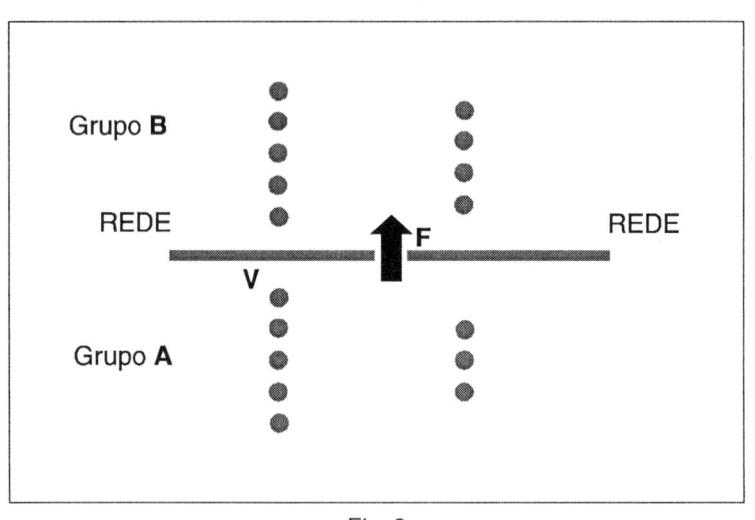

Fig. 2

– O facilitador solicitará a colaboração de dois voluntários para segurarem a rede em uma altura favorável à execução da tarefa, os quais poderão ser substituídos no decorrer da tarefa, evitando o cansaço e a variação na altura da rede (Fig. 3).

– Os grupos deverão estar divididos em igual número de pessoas, nos dois lados da rede (Fig. 4).

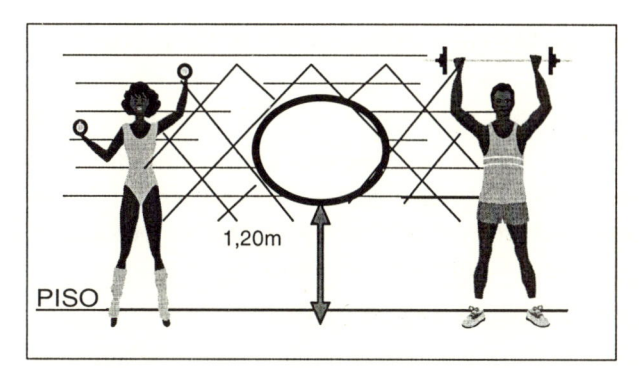

Fig. 3

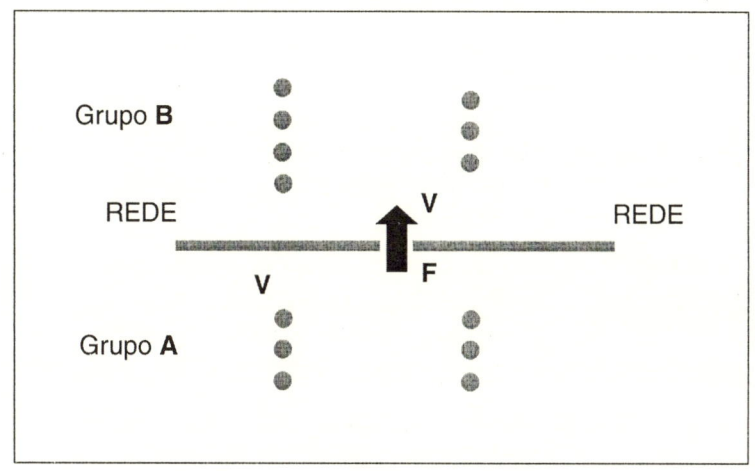

Fig. 4

– Antes de o voluntário (grupo A) começar a ser transportado através do grande círculo na rede, o facilitador sugere que ele pergunte aos outros participantes, aos quais daremos o nome de "vigias" (ou anjos da guarda), se eles estão prontos para a tarefa, desta forma:

> – Anjos da guarda, prontos?!!!
> *(Ao que o grupo responderá):*
> – Prontos!!

Dependendo do nível de prontidão dos grupos (A e B), o voluntário se deixará transportar logo em seguida. Caso contrário, deverá perguntar outras vezes, até verificar que há condições para o seu transporte e para sua recepção. E, da mesma forma, todos os voluntários seguintes.

– Por razões de segurança, os voluntários deverão ser passados somente da seguinte forma: *na horizontal*, começando *pelos pés*. A tarefa deverá ser executada sempre pelo lado onde o facilitador se encontra (grupo A).

– Os voluntários que se apresentarão durante a dinâmica, após terem sido transportados, deverão voltar às suas posições de origem para não desfalcar a formação de segurança do "corredor" formado pelos grupos A e B.

– Cabe ao facilitador avaliar a adequabilidade do número de pessoas que deverão/poderão passar pelo grande círculo, tantos voluntários quanto o facilitador julgar necessários.

☞ Recomendações

– Sugere-se que o facilitador que propõe a dinâmica a conduza com seriedade, já que o objetivo da dinâmica é *avaliar a unidade, a confiança mútua* e a *segurança do grupo entre si*.

– Sugere-se que, em média, 50% do grupo sejam transportados pelo grande círculo, podendo ser pessoas do lado A ou B. Leva-se em média 20 minutos para os voluntários passarem pelo grande círculo e de 10 a 15 minutos para a aplicação, que deverá ser conduzida pelo facilitador.

– A tarefa deverá ser realizada com muita calma, solicitando-se que o grupo só comemore quando os participantes estiverem em segurança do outro lado. O facilitador deverá instruir o grupo para que evite muita agitação durante a passagem das pessoas.

– Durante a execução da tarefa, o facilitador deverá aplicar punições, caso a mesma não seja cumprida da maneira solicitada.

– Se eventualmente o número de pessoas a participar da dinâmica for maior que o sugerido, recomenda-se que o equipamento da dinâmica seja utilizado ao *ar livre* (*Outdoor Training*), onde alcançará maior eficácia.

👁 Aplicação

Sugerimos que, ao final da dinâmica, todo o grupo se *posicione em círculo para a avaliação da tarefa*. O facilitador solicitará ao grupo, usando a técnica da *maiêutica*, que exponha seus sentimentos.

– O facilitador perguntará aos componentes do grupo que foram transportados como se sentiram.

– O facilitador perguntará como os componentes do grupo se sentiram "suportando" os outros.

– Da mesma forma, aos que seguraram a rede.

– O facilitador dará oportunidade aos participantes para comentários, antes de fazer a conclusão.

Temas sugeridos para a aplicação

– Sentimentos na passagem.

– Segurança x desconfiança.

– Tipo de liderança.

– Unidade do grupo.

– Organização do grupo.

– Aceitação da tarefa.

– Grau de conhecimento mútuo.

– Alegria/entusiasmo do grupo.

- *Material para dinâmica:*
    - rede de futebol de salão (de gol);
    - fio de arame de aproximadamente 2m de cumprimento para ser encaixado no espaço aberto na rede, criando um círculo de aproximadamente 80cm de diâmetro.

- *Tamanho do grupo:* 10 a 15 pessoas.

- *Duração:* 30 minutos, sendo 20 para desenvolvimento e 10 para a aplicação.

- *Espaço físico:* sala de 16m², aproximadamente (4m x 4m), ou espaço ao ar livre (de preferência).

DINÂMICA DAS CORES – CONHECIMENTO INTRAPESSOAL E INTERPESSOAL

Objetivo operacional

Permitir que os componentes do grupo alcancem uma autopercepção, a partir do preenchimento de um questionário como primeira etapa da tarefa, e desenvolvam coletivamente sua heteropercepção, a partir da colagem de papéis coloridos nas costas de seus companheiros.

Procedimentos

1.ª etapa: o facilitador pede que todos os participantes dêem notas de 1 a 4, conforme escala, seguindo os critérios na Fig. 5.

Dinâmica das Cores

Marque pontos de 1 a 4 de acordo com a escala:
1. **Raramente**   2. **Algumas Vezes**   3. **Freqüentemente**   4. **Sempre**

Comportamentos, reações, atitudes e ações que tenho apresentado neste grupo:

VERDE	VERMELHO	AMARELO
( ) Coragem	( ) Emoção	( ) Brilho
( ) Gostar de Novidade	( ) Afetividade	( ) Calor Humano
( ) Simpatia	( ) Sensibilidade	( ) Otimismo
( ) Criatividade	( ) Carinho	( ) Animação
( ) Flexibilidade	( ) Garra	( ) Energia
TOTAL:	TOTAL:	TOTAL:
AZUL	**PRETO**	**BRANCO**
( ) Organização	( ) Cautela	( ) Tranqüilidade
( ) Planejamento	( ) Objetividade	( ) Paz
( ) Facilidade para Administrar	( ) Verdade	( ) Mediação
( ) Boa Memória	( ) Franqueza	( ) Docilidade
( ) Preocupação com detalhes	( ) Decisões pensadas	( ) Imparcialidade
TOTAL:	TOTAL:	TOTAL:

Minha **Cor** positiva mais marcante: _____ (Onde somei mais pontos)
A **Cor** que mais preciso desenvolver: _____ (Onde somei menos pontos)

Fig. 5

– Frisa-se, ainda, que todas as características devem ser avaliadas pelas pessoas considerando o seu momento atual.

– Após cada membro do grupo atribuir as notas às características inseridas nas cores, todos deverão somar os totais de cada cor.

– Somados os totais de cada cor, observar o total da cor **mais positiva** (a que alcançou maior pontuação), e daquela que **precisa ser desenvolvida** (a que tiver alcançado menor pontuação).

– Sugere-se que uma música instrumental seja colocada como fundo durante o preenchimento do questionário.

2ª etapa: enquanto os membros do grupo estiverem executando a tarefa da 1ª etapa, o facilitador e sua equipe estarão afixando folhas de papel em branco, tamanho A4, nas costas dos participantes do grupo. Estas deverão ser afixadas com duas tiras de fita (adesiva ou crepe) de 10cm de comprimento cada uma. Deve-se verificar a "firmeza" da fixação para se assegurar de que a folha não se soltará das costas do participante durante a execução da 2ª etapa.

Após a execução da tarefa da 1ª etapa, o facilitador solicitará aos participantes que façam a avaliação dos demais participantes do grupo (a **heteropercepção**), da seguinte maneira:

– o facilitador apresentará aos membros do grupo os recipientes com pedaços de papel colorido e cola;

– o facilitador informará aos membros do grupo que eles deverão usar as informações das seis cores de sua folha da tarefa anterior, *colando* pedaços de papel colorido nas costas dos demais membros do grupo **ao mesmo tempo**, de acordo com as características dessas pessoas que eles julgarem *mais marcantes*;

– o facilitador solicitará *a cada membro* do grupo que faça avaliação do maior número possível de pessoas, colando os papéis na folha preparada nas costas destas;

– o facilitador **deverá observar** se todas as pessoas possuem papéis coloridos afixados na folha de papel em suas costas;

– quando a maioria dos participantes já estiver com um número suficiente de papéis em suas costas, o facilitador solicitará a todos que tirem as folhas de suas costas e as coloquem sobre suas mesas.

👉 Recomendações

– Se o grupo for grande (acima de 15 pessoas), distribuir bem os retalhos de papel colorido em recipientes, mantendo por perto um outro recipiente com cola. Estes devem estar em extremidades diferentes do local da dinâmica, para facilitar o acesso de todos os componentes do grupo aos materiais.

– Coloque uma música "animada" ao fundo, durante a execução da 2ª etapa, para criar um ambiente agradável.

– O tamanho dos pedacinhos de papel colorido poderá ser de, aproximadamente, 3cm x 3cm.

👁 Aplicação

Sugerimos que, ao final da dinâmica, todo o grupo se *posicione em círculo para a avaliação da tarefa*.

O facilitador solicitará ao grupo, usando a técnica da *maiêutica*, que exponha seus sentimentos.

O facilitador informará que as cores Vermelho, Amarelo e Verde são as cores das características Emocionais. E as cores Azul, Preto e Branco são as cores das características Racionais.

> *"A psicologia moderna afirma que as nossas características emocionais são regidas pelo lado direito de nosso cérebro e as nossas características racionais são regidas pelo lado esquerdo."*

Diante desta informação, o facilitador deverá se dirigir ao grupo e fazer a seguinte pergunta:

– O que é melhor: possuir características emocionais ou racionais?

O facilitador deverá ouvir as opiniões do grupo.

O facilitador concluirá demonstrando que o ideal emocional será alcançado quando o indivíduo conseguir o *equilíbrio* entre as características demonstradas.

O facilitador sugerirá ao grupo que termine o momento com *uma oração*.

Neste ponto, o facilitador escolherá algumas pessoas para mostrarem seus resultados da AUTO e da HETEROPERCEPÇÃO. Estes solicitarão que cada componente do grupo responda resumidamente:

– qual a cor com a maior pontuação?;

– qual a cor com a menor pontuação?;

– que mostre ao grupo o papel com a opinião/percepção do grupo a seu respeito, através das cores.

Obs.: neste estágio, caberá ao facilitador comparar os resultados de ambas as percepções, sinalizando ao participante se estas são similares ou muito diferentes.

Temas sugeridos para a aplicação

- Desenvolvimento de líderes.
- Integração/unidade do grupo.
- Crescimento pessoal.
- Relacionamentos que se completam (pessoas emocionais + pessoas racionais trazendo benefícios para a obra).

- *Material para dinâmica:* questionário das cores, pedacinhos de papel colorido, cola plástica, canetas ou lápis.
- *Tamanho do grupo:* 15 a 45 pessoas.
- *Duração:* 30 minutos, mais 15 para aplicação.
- *Espaço físico:* sala ampla.

DINÂMICA DA CAIXA-SURPRESA – CRESCIMENTO PESSOAL, AUTO-ESTIMA

Objetivo operacional:

Fazer com que os componentes do grupo se dirijam individualmente para a caixa-surpresa, a fim de **"descobrir o seu conteúdo"**, através da abertura superior da caixa (Fig. 6).

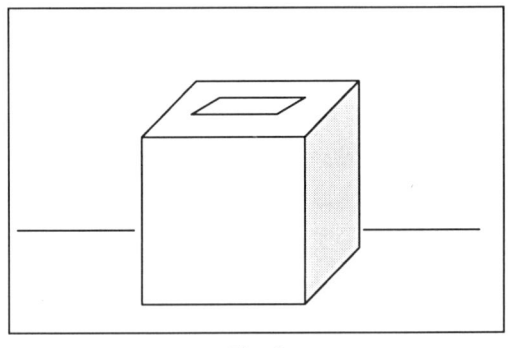

Fig. 6

A caixa-surpresa consiste de uma caixa de papelão, embrulhada em papel de presente, com um espelho grande no fundo, que **só deverá ser descoberto** quando o participante escolhido pelo facilitador olhar pela abertura superior.

A caixa utilizada não precisa necessariamente ter um tamanho padrão. No Ministério Crescer, já utilizamos uma caixa média. Mas, normalmente, usamos uma caixa bem grande (embalagem de microondas), com um papel bem atraente, e isto causa um impacto muito grande nos participantes.

Procedimentos

– O facilitador informa que o grupo deverá estar disposto em círculo, sentado ao redor da *caixa-surpresa*, a fim de que todos no grupo possam perceber as reações de cada participante ao *receber o conteúdo da caixa* (Fig. 7).

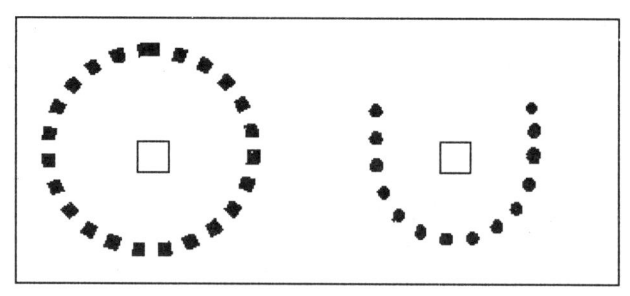

Fig. 7

– O facilitador escolherá um participante do grupo para iniciar a tarefa aleatoriamente, solicitando que o mesmo se dirija até a caixa-surpresa. Procure escolher as pessoas mais populares e também as mais tímidas do grupo.

– Antes de o voluntário chegar até à caixa, o facilitador diz esta frase, por exemplo:

- *Você descobrirá* um dos maiores instrumentos para a realização dos seus sonhos;
- *Você descobrirá* a chave para o avivamento do grupo;
- *Você descobrirá* uma das grandes alegrias de sua família.

– O facilitador deverá solicitar aos demais participantes do grupo que "rufem os tambores", enquanto as pessoas escolhidas estiverem se dirigindo até a caixa, batendo suas mãos nas cadeiras até que a pessoa chegue à caixa-surpresa.

De acordo com a especificidade do grupo, o facilitador, com o auxílio daqueles que já *receberam o conteúdo* da *caixa-surpresa,* poderá criar outras frases ou idéias para os demais participantes.

☞ Recomendações

Sugere-se que o facilitador convide um número significativo de pessoas do grupo para "descobrirem o conteúdo" da caixa-surpresa.

👁 Aplicação

Ao final, o facilitador dirá aos participantes do grupo que "não descobriram" o conteúdo do interior da caixa- surpresa tratar-se de um espelho, pois a resposta para as frases citadas para o atendimento da maioria das necessidades do grupo é a *própria pessoa*.

Tema sugerido para a aplicação

– Auto-estima e crescimento pessoal.

- *Material para dinâmica:* caixa de papelão bem grande, papel de presente colorido.

- *Observação importante:* esta é uma dinâmica que normalmente utilizamos no encerramento dos treinamentos.

Dinâmica do A

Fig. 8

Dinâmica do A³ – Simulação de Liderança

Objetivo operacional

Fazer com que o grupo, utilizando-se da estrutura em forma de **A**, se desloque por um percurso predeterminado pelo facilitador por meio de quatro cordas presas nesta estrutura (Figs. 8, 9 e 10).

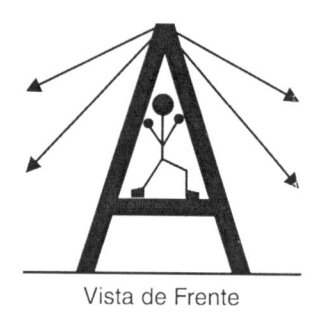

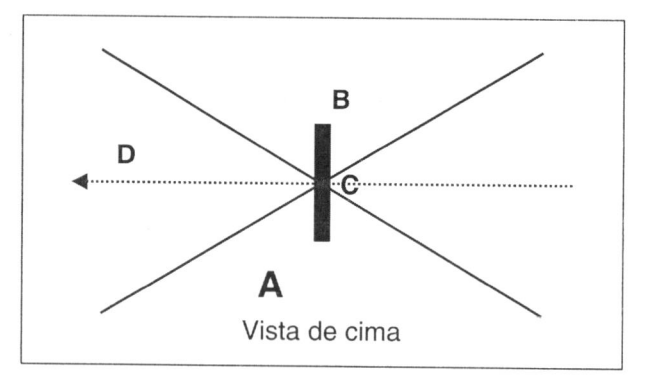

Vista de Frente
Fig. 9

Vista de cima
Fig. 10

Procedimentos

– O facilitador explicará ao grupo a divisão das tarefas e solicitará aos voluntários que se posicionem para a sua execução.

---

[3] *Esta dinâmica foi extraída do livro* Adventure and Recreation, *da Southern Baptist Convention – Estados Unidos.*

– Somente 13 pessoas deverão participar da tarefa, sendo duas em cada uma das cordas, duas como "vigias" (anjos da guardas) à frente da estrutura; duas nas costas da pessoa que estiver na estrutura do A para apoio e uma na estrutura A.

– Uma vez posicionadas as pessoas, o facilitador deverá informar a tarefa, que é deslocar a pessoa na estrutura por um trajeto de aproximadamente 12m, com ponto de partida bem determinado.

– A estrutura A só caminhará se as cordas estiverem esticadas, sendo necessário que estejam relativamente em cruz (Fig. 11).

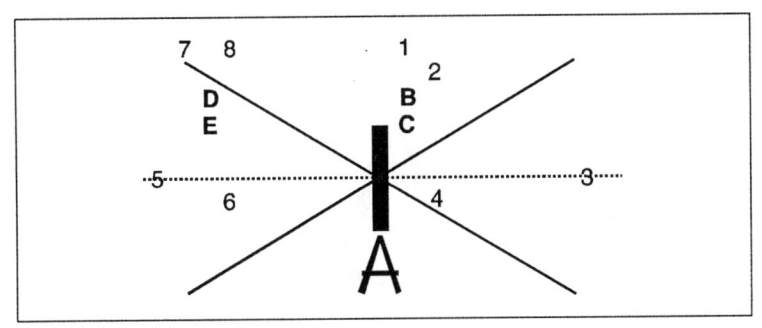

Fig. 11

– Se houver mais de 13 pessoas no grupo, pode-se alternar as pessoas a cada trajeto, como também as funções de cada uma, pois cada função tem um objetivo diferente, dando oportunidade àqueles que não participaram.

– A estrutura A só caminhará se os voluntários estiverem em sincronismo entre si e com o voluntário na estrutura A.

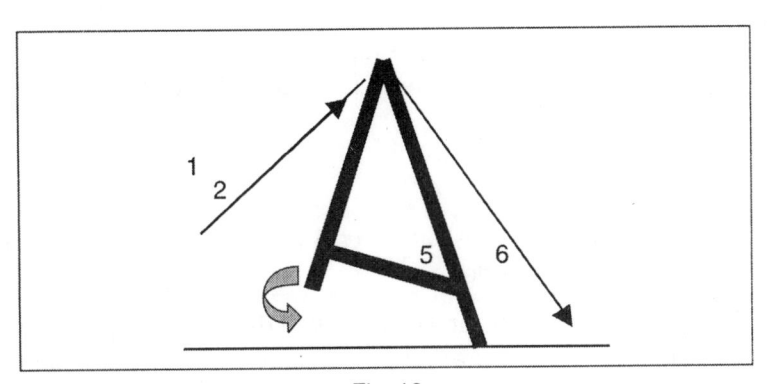

Fig. 12

– A estrutura começará a caminhar quando a dupla 5/6 puxar a corda, enquanto a dupla 1/2 alivia a corda, com a ativa participação do voluntário **A** "aliviando" o pé, conforme Fig. 12.

– Os elementos B, C, D, E não devem tocar na estrutura **A**, nem na pessoa da estrutura, nem nas cordas.

Mas têm uma função fundamental, que é a de *apoiar*, garantindo a segurança do elemento **A**.

– Em seqüência, após o primeiro passo, a estrutura caminhará quando a dupla 7/8 puxar a corda, enquanto a dupla 3/4 alivia a corda, com a ativa participação do voluntário **A** "aliviando" o pé, conforme Fig. 13.

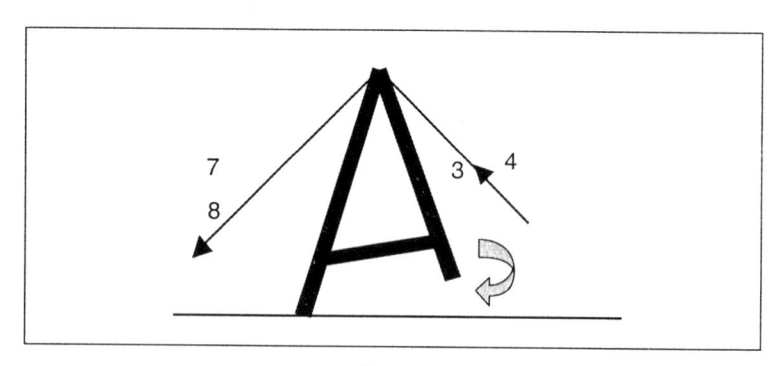

Fig. 13

Caso a estrutura **A** saia do percurso correto preestabelecido, ao caminhar, o facilitador deverá trabalhar em consenso com a necessidade do grupo.

Dependendo da dificuldade que o grupo apresente, o facilitador sugerirá que de duas a quatro pessoas façam o trajeto, de forma que o grupo trabalhe durante 20 minutos nesta fase da dinâmica.

☞ Recomendações

– Confira sempre se a estrutura está bem montada, bem como os parafusos devidamente apertados.

– Os voluntários que estarão na posição de "anjos da guarda/vigias" da pessoa que está na estrutura **A** devem estar sempre atentos, para evitar acidentes com o colega.

– O facilitador deve sempre observar se as cordas estão na posição o mais perpendicular possível.

– O facilitador deverá acompanhar de perto o trajeto do grupo, que deverá ser de aproximadamente 12m (previamente estabelecido, com linha de chegada determinada).

– Se o grupo apresentar muita dificuldade para deslocar a estrutura **A**, o facilitador poderá ajudá-lo, informando que o deslocamento da estrutura se dá quanto há sincronismo das cordas da frente com as de trás.

– Ao término da tarefa concluída com êxito, o facilitador deverá comemorar a conquista do grupo, festejando com ele.

Aplicação

Sugerimos que, ao final da dinâmica, todo o grupo se posicione em círculo para a avaliação da tarefa.

O facilitador solicitará primeiro que as pessoas que estiveram na estrutura digam o que sentiram. Em seguida, perguntará às pessoas da corda como perceberam a dinâmica. E, finalmente, ele aferirá o ponto de vista dos "anjos da guarda/vigias" usando a técnica da *maiêutica*, fazendo a correlação com a igreja.

Temas sugeridos para a aplicação

– A necessidade de entrosamento líder/liderado.

– A importância da função dos "anjos da guarda/vigias".

– O papel da liderança.

- *Material para dinâmica:* estrutura **A**.
- *Tamanho do grupo:* 10 a 13 pessoas.
- *Duração:* 20 minutos para desenvolvimento e 10 para a aplicação.
- *Espaço físico:* área com mais ou menos 15m, ou área ao ar livre nestas mesmas condições.

Dinâmica das Vendas

Fig. 14

Dinâmica das Vendas – Confiança e Integração

Objetivo operacional

Fazer com que o grupo caminhe em duplas; cada uma delas possuirá um componente vendado (cego) que poderá falar e um componente "mudo" que atuará como condutor na dupla.

Procedimentos

– O facilitador dividirá o grupo em duas equipes com o mesmo número de participantes.

– A primeira metade do grupo será o grupo dos "mudos". Eles enxergam, mas não poderão falar.

– A segunda metade será o grupo dos "ceguinhos". Não enxergam, mas podem falar, e serão conduzidos pelos "mudinhos", em duplas.

– O facilitador dará esta orientação geral aos dois grupos já divididos, permitindo que as pessoas que tenham alguma dificuldade em participar da tarefa possam manifestar-se neste momento.

– Uma vez que o grupo de "ceguinhos" já esteja vendado, o facilitador dará instruções específicas aos "mudinhos", informando neste momento que estes últimos atuarão em duplas como guias dos "ceguinhos", sem emitir qualquer espécie de som, totalmente em silêncio, conduzindo o seu colega "cego" com segurança, seguindo os passos do facilitador.

– O facilitador dará instruções à parte para o grupo de "mudinhos", longe do outro grupo.

– Todas as duplas seguirão os passos do facilitador.

– Sugere-se que para esta etapa sejam empregados no máximo 10 minutos para que o grupo atue, quando o facilitador trará de volta e separará as duplas, deixando todos os "cegos" reunidos, ainda vendados, à parte, e os "mudos" condutores do outro lado.

– Neste momento, o facilitador anunciará que todos poderão tirar as vendas.

– O condutor informará que os papéis serão trocados: Os "mudinhos" passarão a ser "ceguinhos" e vice-versa, atuando por mais 10 minutos, se possível escolhendo um trajeto diferente.

☞ Recomendações

Sugere-se que, no caso de grupos muito grandes, dois facilitadores orientem os caminhos das duplas.

O facilitador deverá adotar roteiros criativos, se possível em espaços ao ar livre, entre árvores. Ou fará simulações de obstáculos em uma quadra de esportes. Poderá dispor carteiras de forma aleatória, criando ziguezagues, passando as pessoas por baixo de mesas. Criará alguma dificuldade para que a experiência daqueles que estiverem vendados fique mais rica, com obstáculos razoáveis.

👁 Aplicação

Sugerimos que, ao final da dinâmica, todo o grupo se *posicione em círculo para a avaliação da tarefa.*

O facilitador solicitará ao grupo, usando a técnica da *maiêutica*, que exponha seus sentimentos.

O facilitador perguntará aos participantes quais foram os sentimentos e as lições que puderam obter exercendo o papel de conduzido (ceguinho) e de condutor (mudinho).

A partir das falas dos participantes, o facilitador poderá fazer as pontes e aplicar o ensino ao contexto do participante em sua área de atuação.

👂 Temas sugeridos para a aplicação

– Liderança: a importância do sentimento de segurança ao ser *bem conduzido e orientado.*

– O relacionamento líder/liderado.

– Os obstáculos do caminho;

– O medo do novo.

– O aprendizado gradual.

– Desenvolvimento de confiança.

- *Material para dinâmica:* vendas.
- *Tamanho do grupo:* sete duplas por facilitador.
- *Duração:* 40 minutos (ao todo).
- *Espaço físico:* área ao ar livre, ou sala ampla em que se possa simular o obstáculo (com cadeiras e mesas, por exemplo).

Frases Imprescindíveis para um Líder Eficaz

*"Ou somos parte da resposta
ou somos parte do problema."*
Prof. Daniel Paixão

*"Quem não sabe o que procura
não entende o que encontra."*
Claude Bernard

*"Existem coisas que só têm sentido
para quem tem sentido das coisas."*
Stella Junia

*"Todo líder que quiser ser ouvido hoje em dia
tem que ter três L (ser Lúdico, Lazeroso, e Leve)."*
Prof. Israel Belo

"Tenha sempre um plano B."
Edson Andrade

"Uma porta que se abre nunca é só uma porta."
Paulo Andrade

"Nada é óbvio."
Jaime Erlich

Capítulo 4

Coesão Grupal

*"Eu não preciso ser você, porque eu tenho você ao meu lado.
Reconheço o valor do outro que é diferente de mim.
O importante é o processo de busca e o encontro
do 'eu' com o 'outro'.
O outro é parte e competência que me faltam
A sabedoria está uma parte comigo
e outra com você.
Nós dois formamos um ser novo.
Somos capazes de fazer juntos
algo que um só não faz."*
André Alckimim

COESÃO GRUPAL

Outro conceito importante quando falamos na temática dos grupos é o da coesão. Segundo Cartwrigth, um grupo coeso é aquele que os componentes trabalham num alvo comum, e o grau de aceitação das mesmas normas de comportamento é considerado como indicador de coesão.

Para Minicucci, coesão refere-se ao sentimento de interesse no pertencimento a um grupo, isto quer dizer que, quanto mais os indivíduos querem participar dos grupos, maior é o nível de coesão.

Para Bock, a certeza da fidelidade dos membros é o que chamamos de coesão grupal. Os grupos, de acordo com suas características, apresentam maior ou menor coesão grupal.

Para Rodrigues, "coesão grupal pode ser definida como a quantidade de pressão exercida sobre os membros de um grupo a fim de que nele permaneça". É a resultante das forças que agem sobre um membro para que ele permaneça no grupo.

Dinâmica para trabalhar coesão

Dinâmica do círculo na qual vai-se colocando o mesmo grupo em círculos cada vez menores é um bom exercício.

A Fig. 15, a página seguinte, que foi desenvolvida por um grupo de colegas do curso de Pós-graduação em gestão de RH da Universidade Gama Filho – RJ, coloca o "espírito de equipe" no coração das pessoas. Ela demonstra que este espírito de equipe é construído através da soma de *participação, união, comunicação, integração e cooperação*.

Bernard Shaw escreveu:

> "Aquele que quiser seguir sozinho pode ir hoje. Mas aquele que quiser seguir acompanhado tem de esperar até que o outro esteja pronto..."

ESPÍRITO DE
PARTICIPAÇÃO UNIÃO
COMUNICAÇÃO EQUIPE COOPERAÇÃO
INTEGRAÇÃO

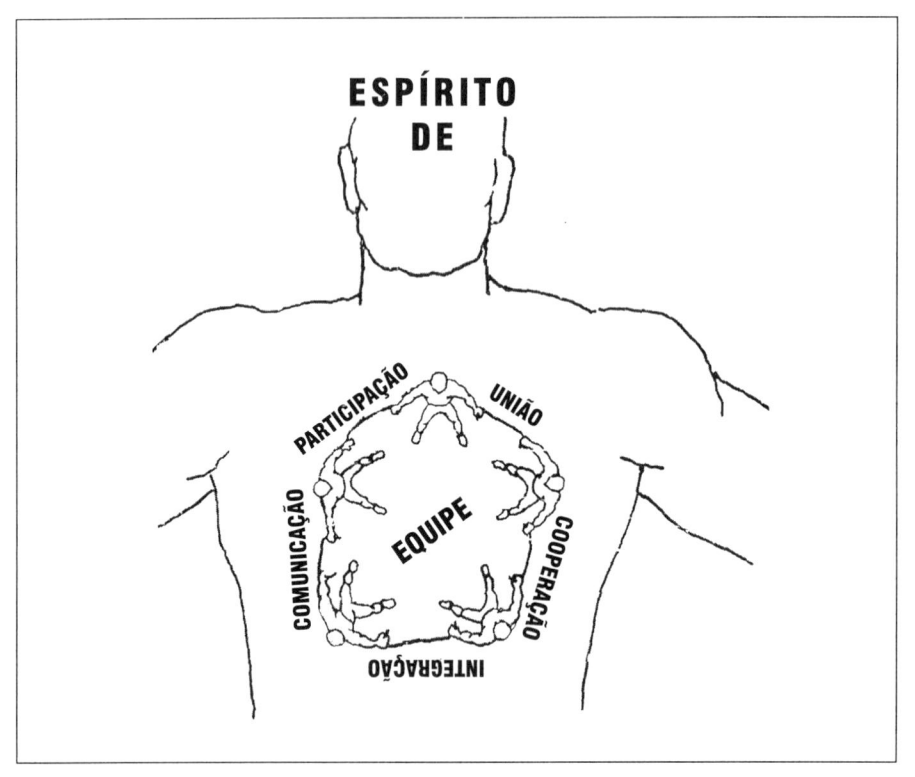

Fig. 15

Que lindo!!! E isso me lembra Larry Waker que, um dia falando para famílias, disse:

> *"Quando você chora, eu sinto o gosto da sua lágrima... Quando você se fere, eu me machuco!"*

Mais uma "foto emocional" vem de uma singela música de Stella Junia, denominada *Deixe Amar*. Nesta música, a autora fala inicialmente de uma abertura para o outro e de uma abertura para Deus. Fala da compaixão que nos ajuda a ver a Jesus. Finalmente, Stella nos fala de que a postura acima nos distancia da tristeza e do pecado e nos torna uma propriedade exclusiva de Deus.

Stella Junia, uma grande musicista e poeta, escreve estes versos em uma de suas músicas que vale a pena registrar aqui:

DEIXE AMAR

Letra e música: Stella Junia

Meu irmão, teu coração
Deve ser como um portão
Aberto para os homens
Cheio de crianças
Com muitas sementes
Que abrirão em flor.
Por isso deixe amar
Deixe sorrir
E o teu semblante
Alegre será
Meu irmão, teu coração
Deve ser como um portão
Aberto para os fracos
Cheio de consolo
....

Neste capítulo, apresentaremos dinâmicas de grupo que têm como temática principal a Unidade. Vamos lá!!!

DINÂMICA DO ESQUI

Fig. 16

Dinâmica do Esqui[4] – Liderança, Criatividade e Organização

Objetivo operacional

O objetivo da dinâmica é fazer com que o grupo parta da linha de largada utilizando-se do material proposto e, em conjunto, atinja a linha de chegada.

Procedimentos

– O facilitador propõe que oito voluntários alcancem a linha de chegada preestabelecida, utilizando *somente* o instrumental ilustrado *(propositadamente, sugerimos que o facilitador não mencione o nome do instrumental indicado aos participantes)* (Fig. 17).

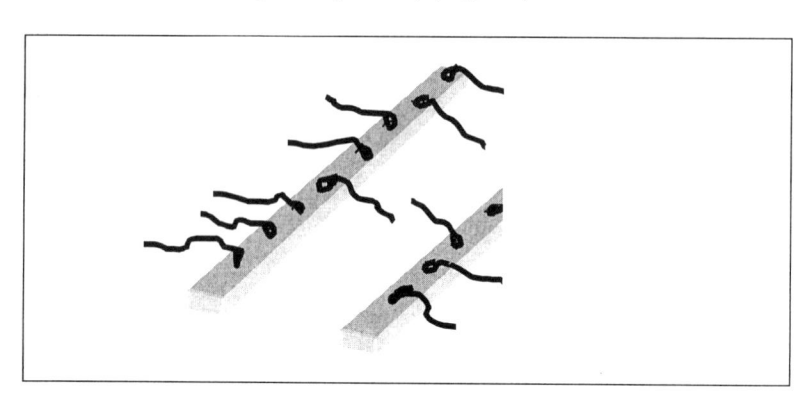

Fig. 17

– O facilitador esclarece que existe uma maneira ideal e mais correta de utilizar o instrumental, e somente esta forma, **a ser descoberta**, será aceita como parte integrante da tarefa (Fig. 16).

– O facilitador deverá instruir os demais participantes do grupo a que incentivem o grupo de voluntários, *"fazendo torcida"* durante a execução da tarefa.

---

[4] *Esta dinâmica foi extraída do livro* Adventure and Recreation, *da Southern Baptist Convention – Estados Unidos.*

– O facilitador deverá estimular o grupo a chegar ao final do exercício, mas aplicará punições se qualquer dos participantes do grupo pisar no chão durante o trajeto.

As punições poderão ser:

- vendar um dos participantes;
- colocar um dos participantes de costas, na direção oposta aos demais;
- substituir o líder por alguém de fora ou por alguém do próprio esqui.

– Todo o grupo deverá estar atento à execução da tarefa, caso algum dos voluntários precise ser substituído.

– O facilitador deverá **festejar** (com o grupo) a conclusão da tarefa, que acontecerá quando a primeira pessoa do esqui ultrapassar a linha de chegada estabelecida por ele próprio.

Recomendações

Sugere-se que o equipamento da dinâmica seja montado **com antecedência**, e que a dinâmica seja realizada ao *ar livre* (*Outdoor Training*), pois é onde alcançará maior eficácia. Se não houver área disponível, utilizar uma sala bem ampla. Vide espaço físico.

Aplicação

Sugerimos que, ao final da dinâmica, todo o grupo se *posicione em círculo para a avaliação da tarefa*. O facilitador solicitará ao grupo, usando a técnica da *maiêutica*, que exponha seus sentimentos.

– O facilitador perguntará aos componentes do grupo o que foi necessário para o *sucesso* (ou insucesso) na proposta.

– A cada lição trazida pelos participantes ao grupo, o facilitador sugerirá a aplicabilidade da mesma para a igreja.

Temas sugeridos para a aplicação

– Importância da liderança.
– Criatividade.

– Necessidade de sincronismo na equipe.

– Organização do grupo.

– Alegria/entusiasmo do grupo contribuindo para o sucesso da tarefa.

- **Material para dinâmica:** esqui e algumas vendas. Comunicar-se com o Ministério Crescer para informação sobre a fabricação ou locação deste instrumental.

- **Tamanho do grupo:** 10 a 15 pessoas.

- **Duração:** 30 minutos, sendo 20 para o desenvolvimento e 10 para a aplicação.

- **Espaço físico:** espaço mínimo – 12m de comprimento; espaço ideal – 20m de comprimento ou uma quadra de futebol de salão.

4. Coesão Grupal

Dinâmica do Balde

Fig. 18

Dinâmica do Balde – Unidade e Organização

Objetivo operacional

O facilitador deverá instruir o grupo a **deslocar um balde cheio de água** e preso em quatro cordas por um percurso preestabelecido, **sem derramar a água**.

Procedimentos

– Todo o grupo será dividido em igual número de pessoas nas quatro cordas, mantendo-se uma distância mínima de 2m do balde para a primeira pessoa, em cada corda ou subgrupo (Fig.19).

– O facilitador sugerirá um percurso de aproximadamente 25m, em média, em local aberto (*Outdoor Training*), se possível, com algum grau de dificuldade ou obstáculos. Ex.: terreno com ligeiro declive, ou árvores, cadeiras, trave de gol etc. (Fig. 18).

– Se, eventualmente, a água cair do balde, o facilitador poderá sugerir, como punição, que o grupo retorne ao ponto inicial ou a alguns metros antes do local da "falta", ou, ainda, vendar um participante de cada corda.

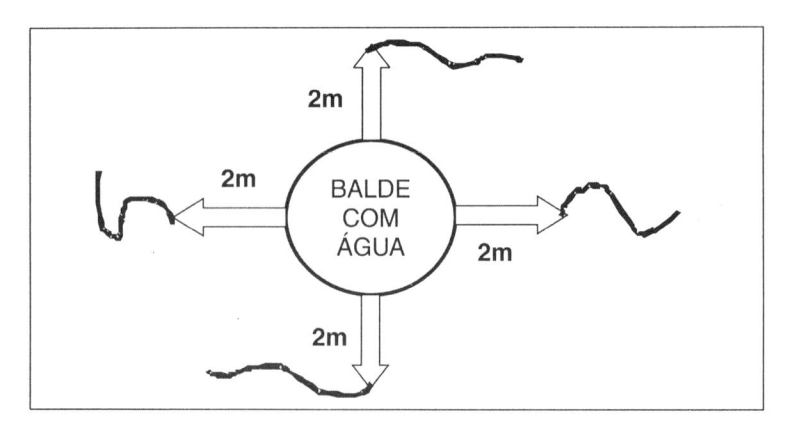

Fig. 19

4. Coesão Grupal

☞ Recomendações

– Sugere-se que o balde seja de metal. Ele deve estar quase cheio no momento da execução da tarefa, com a lâmina-d'água a aproximadamente 3cm da borda (Fig. 20).

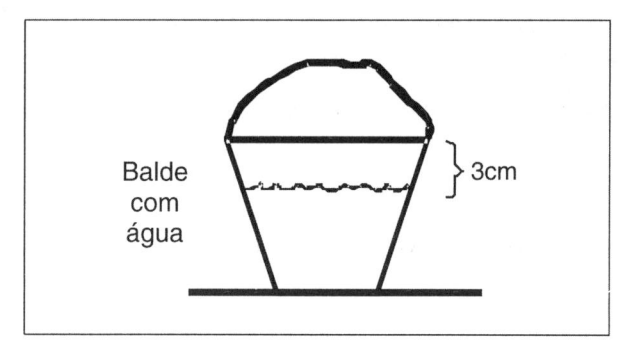

Fig. 20

– Sugere-se que o equipamento da dinâmica seja montado *com antecedência*. No início da dinâmica, as cordas já deverão estar esticadas e o balde conter água, ao *ar livre* (*Outdoor Training*), pois é onde alcançará maior eficácia, conforme a orientação.

👁 Aplicação

Sugerimos que, ao final da dinâmica, todo o grupo se *posicione em círculo para a avaliação da tarefa*. O facilitador solicitará ao grupo, usando a técnica da *maiêutica*, que exponha seus sentimentos.

– O facilitador perguntará aos componentes do grupo o que foi necessário para o sucesso (ou insucesso) na realização da tarefa.

– O facilitador compartilhará que cada uma das cordas pode representar um determinado departamento da organização, e, com isso, somente quando todos caminham na mesma direção, com ordem e zelo para execução da tarefa do grupo, o objetivo é alcançado.

👂 Temas sugeridos para a aplicação

– Confiança/necessidade de atuar em sintonia.
– Tipo de liderança.

– Unidade do grupo.

– Organização do grupo.

– Aceitação da tarefa.

– Equilíbrio para o sucesso da tarefa.

- **Material para dinâmica:** balde de alumínio, quatro cordas grossas de 20m.
- **Tamanho do grupo:** mínimo de 16 pessoas.
- **Duração:** 30 minutos, sendo 20 para o desenvolvimento e 10 para a aplicação.
- **Espaço físico:** ao ar livre, ou em quadra de futebol de salão.

Dinâmica Escravos de Jó

Fig. 21

DINÂMICA ESCRAVOS DE JÓ – UNIDADE E COOPERAÇÃO

Objetivo operacional

Fazer com que peças de dominó ou bolinhas de papel sejam passadas para cada membro do grupo, enquanto cantam duas vezes a música: *Escravos de Jó* (sem que as peças "embolem" ou caiam no chão).

Procedimentos

– O facilitador solicitará a tarefa ao grupo, que deverá estar disposto ao redor de uma grande mesa ou em carteiras, colocadas em círculo (Fig. 21).

– O facilitador informará ao grupo que, se as peças caírem ou se "embolarem" no percurso, a tarefa estará suspensa, e deverá recomeçar até que o grupo a conclua.

– O facilitador deverá comemorar o sucesso do grupo e incentivá-lo à comemoração, ao final da tarefa concluída com êxito.

☞ Recomendações

– O facilitador deverá lembrar aos participantes, durante a dinâmica, *o que de fato foi solicitado* como tarefa, a saber: passar as peças de dominó, cantando duas vezes a música *Escravos de Jó*, ou seja, nada mais foi solicitado além disto. O grupo, em conjunto, deverá descobrir a forma ideal e mais fácil de executar esta tarefa. O facilitador deverá escolher o melhor momento de intervir, a fim de orientar o grupo.

– Muitas vezes, alguns irmãos, em vez de simplesmente cantarem e passarem as peças, querem fazer "a brincadeira *Escravos de Jó*, diferentemente da proposta solicitada, insistindo que o grupo faça o "zig-zig-zah", indo e voltando com as peças, o que dificulta extremamente a tarefa do grupo.

Sugere-se que, neste caso, o facilitador intervenha, lembrando aos participantes que, **quando atuamos em grupo, devemos buscar aquilo que é possível para o grupo e não somente nossa vontade dentro do grupo**.

👁 Aplicação

Sugerimos que, ao final da dinâmica, todo o grupo se *mantenha em círculo para a avaliação da tarefa*. O facilitador solicitará ao grupo, usando a técnica da *maiêutica*, que exponha seus sentimentos.

– O facilitador procurará incentivar o grupo a investigar o que foi necessário para a execução com êxito da tarefa.

– A partir das respostas, o facilitador deverá fazer as aplicações para a igreja.

👂 Temas sugeridos para a aplicação

– Unidade.

– Importância do planejamento.

– Tolerância com os mais fracos.

– Sucesso de um, sucesso de todos.

– Fracasso de um, fracasso de todos.

- **Material para dinâmica:** uma peça de dominó para cada componente do grupo.
- **Tamanho do grupo:** no máximo 30 pessoas (acima deste número, sugere-se que o facilitador peça para que se cante só uma vez a música sugerida). No caso de grupos ainda maiores (50 ou 60 pessoas), sugere-se que o grupo seja dividido e dirigido por dois facilitadores.
- **Duração:** 20 minutos para realização da dinâmica e 10 para a aplicação.
- **Espaço físico:** sala ampla que permita a disposição do grupo em círculo.

Dinâmicas das Bolas –
Unidade, Trabalho em Equipe, Planejamento

Objetivo operacional

O objetivo da tarefa é fazer com que o grupo passe bolas de tênis ou de borracha, de um para outro participante, sem derrubá-las, mantendo a mesma seqüência inicial. Cada bola deverá passar por todos os componentes do grupo, partindo do facilitador e voltando a ele no final.

Procedimentos

– O facilitador informará ao grupo que deverá colocar-se em um grande círculo para execução da tarefa.

– O grupo deverá manter um espaço entre os componentes, a partir da distância do grupo de mãos dadas, com os braços esticados.

– Na primeira vez, o facilitador passará somente uma bola, solicitando que cada pessoa, ao receber a bola, a passe ao colega de grupo que estiver à sua frente. Todos os componentes deverão memorizar a pessoa de sua seqüência de arremesso da bola, pois esta seqüência será mantida no decorrer da dinâmica.

– Somente a partir da segunda vez o facilitador irá gradativamente aumentando o número de bolas. Por exemplo: 2ª vez, três bolas; 3ª vez, cinco bolas; até que arremessem as dez bolas numa única vez.

– A atividade será desenvolvida com dez bolas de borracha ou de tênis. O facilitador iniciará com uma bola, mantendo as demais próximas a ele numa caixa vazia.

– O facilitador precisará deixar claro para os componentes do grupo que as bolas deverão ser passadas *em seqüência,* da seguinte maneira:

Cada vez que passar a bola, aquele que lançar dirá:

– *Segura,* Fulano!!! (diz-se o *nome da pessoa*).

E quem receber a bola responderá:

– **Obrigado**, Cicrano!!! (diz-se o nome da **pessoa que enviou a bola para você**).

Esta forma faz parte do método que enfatiza a prontidão, garantindo a formalização e a execução da tarefa.

☞ Recomendações

– *"Não se livre das bolas!"* Os componentes do grupo deverão observar se o parceiro da seqüência poderá receber a bola naquele momento, bem como o tempo de passagem das bolas, a fim de que todos possam cumprir a tarefa com tranqüilidade.

– O facilitador passará a primeira bola e as outras *sempre na mesma seqüência, assim como todos os componentes do grupo,* e ele será o último a receber *todas as bolas* (Fig. 22).

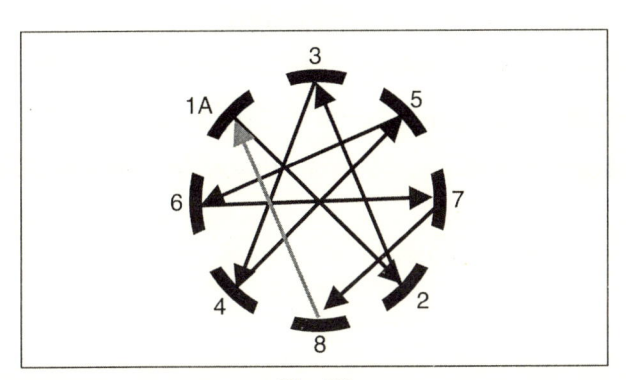

Fig. 22

– A dupla que sentir dificuldade na execução da tarefa deverá ser "treinada" pelo grupo antes de prosseguir.

– Os componentes não deverão estar muitos próximos, pois *deverão jogar* a bola uns para os outros.

👁 Aplicação

Sugerimos que, ao final da dinâmica, todo o grupo se *posicione em círculo para a avaliação da tarefa.* O facilitador solicitará ao grupo, usando a técnica da *maiêutica,* que exponha seus sentimentos.

Esta é uma dinâmica muitíssimo lúdica, na qual o facilitador deverá solicitar ao grupo que exponha o que foi necessário para o seu sucesso.

O facilitador deverá destacar com o grupo que a importância de olharmos para o alvo é básica nesta dinâmica. Nela, cada componente do grupo tem de ter sua atenção voltada para a pessoa que lhe enviará a bola.

Assim também em nossas organizações, precisamos ter nossos alvos bem claros, e em nossa vida precisamos ter alvos que nos impulsionem.

Temas sugeridos para a aplicação

– Necessidade de estabelecermos alvos bem claros.

– Objetividade.

– Planejamento.

– Tolerância com os limites dos outros.

- *Material para dinâmica:* dez bolas de tênis ou de borracha.
- *Tamanho do grupo:* máximo de 30 pessoas (ideal).
- *Duração:* 30 minutos, 20 para o desenvolvimento e 10 para a aplicação.
- *Espaço físico:* se possível, ao ar livre.

4. Coesão Grupal

DINÂMICA ALVO

Fig. 23

DINÂMICA ALVO –
TRABALHANDO JUNTOS POR UM ALVO COMUM

Objetivo operacional

– Fazer com que o grupo se desloque com o instrumental que denominamos **alvo** até um local predeterminado pelo facilitador e, chegando, consiga inserir com o **alvo**, em conjunto, a caneta esferográfica dentro da garrafa integrante da dinâmica (Fig. 23).

– O instrumental deverá ser construído como um círculo, com feixes de barbantes de 6m de diâmetro, passando em seu interior, ligados ao ponto central (Fig. 24).

Círculo de Barbantes com um mínimo de 16 (dezesseis) barbantes de Raio com 3m.

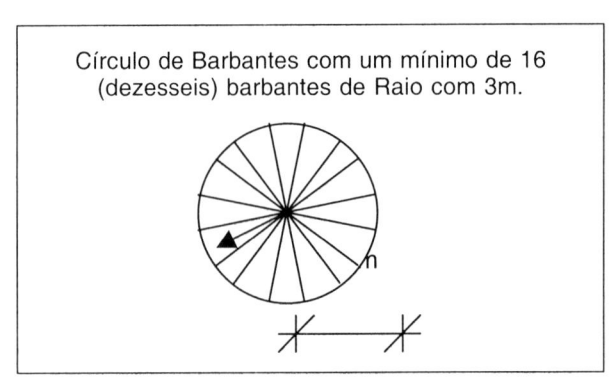

Fig. 24

O grupo perceberá a **caneta esferográfica** presa a um barbante de 0,60cm pendurada no centro do círculo de barbantes – o **alvo** – e deverá *inserir a mesma na garrafa preparada pelo facilitador* (Fig. 23).

☞ Recomendações

O alvo deverá ser montado com antecedência no local da dinâmica.

👁 Aplicação

Sugerimos que, ao final da dinâmica, todo o grupo se *posicione em círculo para a avaliação da tarefa*. O facilitador solicitará ao grupo, usando a técnica da *maiêutica*, que exponha seus sentimentos.

O facilitador deverá solicitar ao grupo que apresente as suas impressões, a partir do resultado do exercício da dinâmica (se bem-sucedido ou não).

– O facilitador ouvirá as colocações do grupo e fará correlação entre as situações vivenciadas no jogo e as situações reais na igreja.

Temas sugeridos para a aplicação

– Busca do Emu coletivamente.

– Sincronia e sintonia.

- *Material para dinâmica:* alvo de barbantes (conforme modelo).
- *Tamanho do grupo:* máximo 30 pessoas.
- *Duração:* 30 minutos (com aplicação).
- *Espaço físico:* área ao ar livre.

4. Coesão Grupal

DINÂMICA DOMINÓ DE RETALHOS

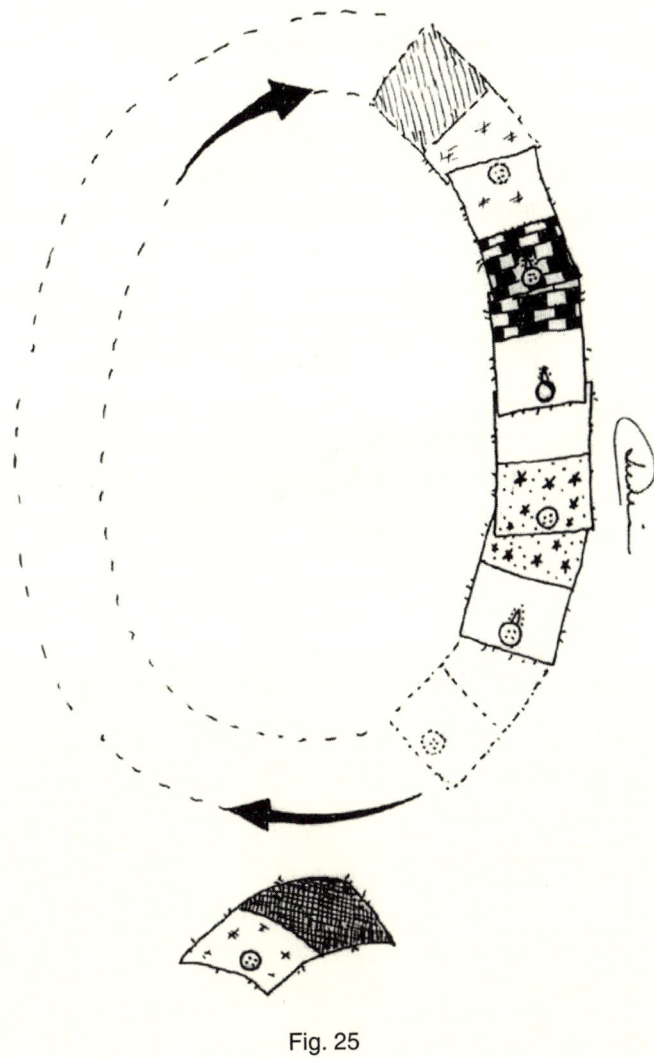

Fig. 25

DINÂMICA DOMINÓ DE RETALHOS – CONSTRUINDO A UNIDADE NA DIVERSIDADE

Objetivo operacional

Montar uma figura geométrica (*círculo, que não deverá ser mencionada aos participantes*), no mesmo critério do dominó que se faz a partir da soma dos retalhos das peças semelhantes (Fig. 25).

Procedimentos

– O facilitador fornecerá aos participantes do grupo 31 peças. Cada peça do dominó é formada de duas partes diferentes com obrigatoriamente uma parte similar em outra peça. Todas as peças têm um botão e uma casa, conforme detalhe da figura abaixo.

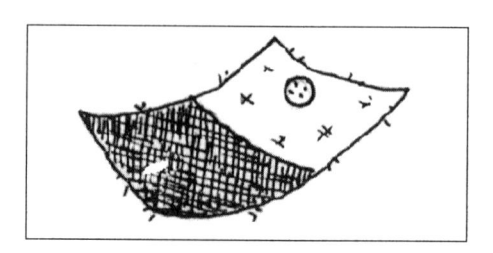

Fig. 26

– O facilitador indicará o tempo determinado para a execução da tarefa (10 minutos).

– Durante a dinâmica, o facilitador sinalizará ao grupo a necessidade de atuar junto para chegar ao resultado final.

☞ Recomendações

Sugere-se que esta dinâmica seja realizada no chão.

👁 Aplicação

Sugerimos que, ao final da dinâmica, todo o grupo se *posicione em círculo para a avaliação da tarefa*. O facilitador solicitará ao grupo, usando a técnica da *maiêutica*, que exponha seus sentimentos.

– O facilitador mostrará ao grupo a figura em forma circular pelo "elo" das peças, demonstrando que a unidade do grupo é como este elo.

– Comparará cada peça do dominó de retalhos com as pessoas do grupo: pessoas frágeis, sensíveis, ásperas, rígidas, sérias, marcadas. Mas a beleza do grupo está justamente na soma destas diferenças.

- *Material para dinâmica:* 31 peças de retalho de tecido conforme modelo.
- *Tamanho do grupo:* máximo de 30 pessoas para evitar a dispersão e para que todos participem.
- *Duração:* 20 minutos com a aplicação.
- *Espaço físico:* sala ampla

Dinâmica Bolas de Gás – Carregando as Cargas uns dos Outros com Amor e Alegria

Esta é uma dinâmica bastante lúdica, que tem a finalidade de entusiasmar as pessoas do grupo (ver a definição de Entusiasmo, descrita ao final da Introdução deste livro).

Objetivo operacional

Trabalhar ludicamente com o grupo com bolas de gás, estimulando sua unidade.

☞ Recomendações

Esta é uma das poucas dinâmicas que se pode fazer com grupos muito grandes, desde que o facilitador tenha um bom domínio de grupo. Em nossa experiência, já trabalhamos esta dinâmica com cerca de 200 pessoas e foi uma bênção.

👁 Aplicação

Sugerimos que todo o grupo se *posicione em círculo para a execução da tarefa.*

– Primeiramente o(s) facilitador(es) entregará(ão) uma bola de gás para cada participante.

– Em seguida, será sugerido que todos encham a bola de gás e a amarrem, colocando "simbolicamente" dentro dela tudo o que os atrapalhe. Caberá ao facilitador especificar, em função do grupo que se estiver trabalhando.

– Logo após, o facilitador solicitará ao grupo que se ponha em pé, formando um círculo, com as bolas na mão.

– Neste ponto, o facilitador colocar-se-á no meio do círculo e apontará para um dos participantes, dizendo que todos temos duas posturas diante das dificuldades (bolas de gás) do outro: **"Ou somos parte da resposta ou somos parte do problema"**, ajudando o outro a superar as dificuldades ou tornando-as mais difíceis para ele.

– Como queremos ser parte da resposta, o facilitador deverá sugerir ao grupo que envie para longe de si as dificuldades de cada um (suas bolas) sem deixar que nenhuma delas caia no chão.

– O facilitador irá propor uma contagem regressiva (10, 9, 8 ... 2, 1), com todos contando e jogando as bolas para o alto simultaneamente, até que, ao final, todos estourem as bolas. Ex.: ... 2, 1 (o facilitador diz: "Estourem as bolas!!!").

👂 Temas sugeridos para a aplicação

– União com os irmãos.

– Juntos somos mais fortes.

– Somos resposta ou somos problema na vida das pessoas.

- *Material para dinâmica:* bolas de gás.
- *Tamanho do grupo:* mínimo de 15 pessoas.
- *Duração:* 20 minutos.
- *Espaço físico:* sala ampla

DINÂMICA DOS TRÊS CÍRCULOS – COOPERAÇÃO E AUXÍLIO MÚTUO

Procedimentos

– Desenhar com giz um enorme círculo no chão. Ao som de uma música bem animada, solicitar ao grupo que ocupe todo o espaço do círculo. No instante em que a música parar, todo o grupo deverá estar posicionado dentro do círculo.

– Desenhar novamente outro círculo (apagando o anterior), desta vez, com a metade do diâmetro do círculo anterior. Da mesma forma, o grupo precisará desenvolver a cooperação entre os seus membros para que todos se posicionem dentro do círculo.

– Desenhar o último círculo, diminuindo-o ainda mais em relação ao anterior. Todo o grupo deverá caber dentro do último círculo, sem que ninguém do grupo fique de fora. Se os pés dos componentes do grupo ficarem fora do círculo, a tarefa não estará cumprida e deverá ser repetida.

Esta dinâmica pode ser feita em grupos de crianças, adolescentes ou jovens; também em forma de competição: rapazes x moças.

- **Material:** giz e música instrumental.
- **Duração:** 5 a 10 minutos para o desenvolvimento e 5 para a aplicação.
- **Número recomendável de pessoas:** mínimo de 15.

Aplicação

Se nos dispusermos, poderemos ajudar uns aos outros nas dificuldades.

Inteligência Competitiva para a Busca de Unidade

Passaremos agora a uma outra série de dinâmicas orientadas para descrever o fenômeno da Inteligência Competitiva (IC). Ela é o passo seguinte a um instrumento muito utilizado nas organizações, que é o Planejamento Estratégico. A IC tem sido muito estudada por pesquisadores franceses e tem vindo com força para o Brasil através de cursos ministrados pelo Instituto Nacional de Tecnologia (INT-RJ).

Em poucas palavras, **a IC é uma metodologia de análise de fatos e dados para tomada de decisões**. Um dos seus princípios fundamentais é o de que não basta que as organizações olhem somente para o seu cliente (o que é imprescindível e inquestionável para a sua sobrevivência, atualmente). **É necessário que analisemos com clareza o que o concorrente está fazendo, senão perderemos a "guerra".**

A IC é um conceito novo que está começando a ser muito valorizado nas organizações, atualmente. E, usando a metodologia desenvolvida ao longo de todo o livro, **apresentaremos agora três dinâmicas, cuja temática é a IC**, para melhor compreensão deste conceito.

Dinâmica das Tábuas

Fig. 27

Dinâmica das Tábuas – Trabalhando a Inteligência Competitiva

Objetivo operacional

Fazer com que dois grupos (A e B) com o mesmo número de pessoas em forma de competição, partindo da linha de saída, alcancem a linha de chegada demarcada pelo facilitador, utilizando tábuas de madeira, sem pisar no chão (Fig. 27).

Procedimentos

O grupo deverá ser dividido em dois subgrupos (A e B) e estes estarão dispostos em duas filas.

– Cada membro dos subgrupos receberá uma tábua de madeira.

– Cada grupo terá uma tábua a mais (tábua adicional) e precisará encontrar a melhor maneira de cumprir a tarefa.

– Após fornecidas as tábuas, o facilitador concederá 5 minutos aos grupos para elaborarem e *treinarem* as estratégias para execução da tarefa. Isto deverá ser feito em locais separados para que os grupos não conheçam as estratégias do grupo oponente.

– O facilitador informará que a equipe cujo membro pisar no chão será punida com a impossibilidade de movimentar-se durante alguns segundos.

– Cada equipe, utilizando somente as tábuas e partindo da linha de saída, deverá alcançar a linha de chegada posicionada a aproximadamente 25m do início.

– A equipe vencedora será aquela que, seguindo corretamente as orientações do facilitador, alcançar primeiro a linha de chegada com as tábuas, sem pisar no chão **(passando todas as pessoas com todas as tábuas)**.

– As pessoas que tiverem "sobrado" do grupo deverão posicionar-se formando torcida para cada um dos grupos.

☞ Recomendações

– Sugere-se que cada subgrupo tenha de seis a dez pessoas e que esta dinâmica **não seja realizada** logo após o almoço, uma vez que exigirá grande esforço por parte dos participantes.

👁 Aplicação

Sugerimos que, ao final da dinâmica, todo o grupo se *posicione em círculo para a avaliação da tarefa*. O facilitador solicitará ao grupo, usando a técnica da *maiêutica*, que exponha seus sentimentos.

– O facilitador perguntará aos componentes do grupo vencedor quais foram as estratégicas utilizadas.

– A proposta da Inteligência Competitiva é **entender o quanto é importante conhecer as estratégias do concorrente**.

A equipe vencedora normalmente é aquela que:

- estabeleceu uma estratégia e um plano de ação melhores do que a outra;
- Preocupou-se com todos os membros do grupo;
- Escolheu um líder consciencioso;
- Estabeleceu um ritmo confortável para todos os membros do grupo;
- A primeira pessoa ficou com todas as tábuas, logo no início;
- A última pessoa foi bem escolhida.
- O grupo daqueles que estavam na "torcida" pode ser comparado aos colegas que motivaram os que estavam na linha de frente a fazer o melhor.

Observa-se que há grupos que "passam as tábuas" sempre do mesmo lado. Isto demonstra como um **método de planejamento mais aprimorado** contribui para o sucesso da tarefa.

👂 Temas sugeridos para a aplicação

– Sentido de competição.

– Ensinar o quanto equipes mais articuladas alcançam maior sucesso.

– A ousadia e a coragem para se lançar em uma estratégia nova.

– A organização que possui uma estratégia se adianta diante das ciladas do inimigo.

- **Material para dinâmica:** tábuas de compensado de 25 x 35cm (com uma tábua a mais em cada grupo. Ex.: dois grupos de nove pessoas = dez tábuas por grupo).

- **Tamanho do grupo:** nove pessoas por grupo (com o restante fazendo duas torcidas, uma para cada equipe).
- **Duração:** 15 minutos para a execução e 15 para a aplicação.
- **Espaço físico:** área ao ar livre de 25 m ou quadra de futebol de salão.

COMPETIÇÃO DOS QUADRADOS – INTELIGÊNCIA COMPETITIVA

Objetivo operacional

Fazer com que duas equipes de igual número de pessoas formem seis quadrados perfeitos com as peças de papel que receberam do facilitador. Vencerá a equipe que montar o maior número de quadrados, mais rapidamente, SENTADA E SEM FALAR (*ver confecção do material ao final da dinâmica*).

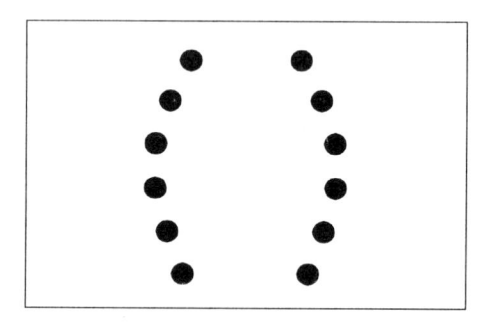

Fig. 28

Procedimentos

– O facilitador fornecerá um envelope com 18 peças de papel para cada equipe de, no máximo, seis pessoas.

– As equipes poderão ser denominadas pela cor de seus papéis. Ex.: equipe azul e equipe *amarela*.

Após a definição das equipes, o facilitador solicitará a todos que se sentem nas cadeiras previamente preparadas.

As carteiras ou cadeiras de braço deverão estar posicionadas uma ao lado da outra na equipe (com uma leve curvatura, para facilitar a visualização entre os membros do mesmo grupo). Os grupos deverão colocar-se um frente ao outro (Fig. 28).

– O facilitador distribuirá três peças da mesma cor (do papel quadrado recortado) para cada participante e determinará de 15 a 20 minutos para a execução da tarefa. **A equipe que, no tempo determinado, montar o maior número de quadrados será a vencedora.**

☞ Recomendações

NÃO SE PODERÁ PEDIR PEÇAS AO COLEGA DO GRUPO. Deve-se recomendar a todos os participantes que, durante a tarefa, *somente poderão* **fornecer** *peças*.

– O facilitador precisará estar atento às pessoas dos grupos para que NÃO FALEM durante a dinâmica. Caso isto aconteça, o grupo precisará ser punido por uns instantes. Ex.: vendar um dos componentes do grupo.

– Após o término da dinâmica, o facilitador deverá conferir se as 18 peças de cada grupo foram devidamente restituídas, para futuras utilizações.

👁 Aplicação

Sugerimos que, ao final da dinâmica, todo o grupo se *posicione em círculo para a avaliação da tarefa*. O facilitador solicitará ao grupo, usando a técnica da *maiêutica*, que exponha seus sentimentos.

– O facilitador perguntará à equipe vencedora quais as estratégias utilizadas para alcançar o êxito.

– O facilitador perguntará à equipe que não alcançou êxito qual a razão da dificuldade do grupo.

– A partir da experiência dos grupos, o facilitador fará as aplicações para a igreja.

👂 Temas sugeridos para a aplicação

– A visão do todo pode auxiliar na tarefa.

– Quem é o nosso inimigo na igreja.

- O perigo da concentração de tarefas.
- A cooperação mútua.

- **Material:** papel cartão ou cartolina colorida, tesoura, dois envelopes grandes.

- **Confecção do material para dinâmica:**
    - o facilitador deverá providenciar 12 pedaços de papel (cartão ou cartolina colorida) de 18 x 18cm, sendo seis de uma cor e seis de outra;
    - cada um dos 12 quadrados deverá ser dividido. Após cortar os quadrados em três partes diferentes, o facilitador colocará **as 18 partes da mesma cor** misturadas em um envelope. Fará o mesmo com as outras cores.

- **Tamanho do grupo:** 12 pessoas, no máximo, atuando. Caso haja nos grupos mais pessoas, estas deverão ser divididas em duas torcidas, uma para cada equipe.

- **Duração:** 20 minutos para o desenvolvimento e 10 para a aplicação

- **Espaço físico:** sala ampla.

DINÂMICA DAS CADEIRAS[5] – COMPETIÇÃO X COOPERAÇÃO

Objetivo operacional

Comparar a percepção do grupo a partir dos sentimentos dos participantes nas duas situações apresentadas.

Procedimentos

1ª etapa: o facilitador solicitará ao grupo que execute a clássica dinâmica da "dança das cadeiras" durante a execução de uma música.

---

[5] Esta dinâmica foi extraída do livro Jogos Cooperativos – Broto, Fábio Otuzi.

2ª etapa: terminada aquela tarefa, o facilitador solicitará ao grupo que reponha todas as cadeiras retiradas.

– Em seguida, o facilitador informará ao grupo que este deverá repetir a dinâmica da "dança das cadeiras", desta vez com uma fundamental diferença de que OS PARTICIPANTES NÃO SERÃO ELIMINADOS À MEDIDA QUE AS CADEIRAS FOREM SENDO RETIRADAS. Nesta etapa da dinâmica, **todos deverão sentar-se**, independentemente do número de cadeiras existentes, *mesmo* quando só restar a última cadeira.

☞ Recomendações

– As cadeiras a serem utilizadas deverão ser resistentes, a fim de evitar acidentes com os participantes.

– O facilitador deverá utilizar uma música "animada" para marcar a retirada das cadeiras.

👁 Aplicação

Sugerimos que, ao final da dinâmica, todo o grupo se *posicione em círculo para a avaliação da tarefa*. O facilitador solicitará ao grupo, usando a técnica da *maiêutica*, que ele exponha seus sentimentos em relação a 1ª e 2ª etapas.

– O facilitador deverá, a partir das exposições dos componentes do grupo, fazer o grupo perceber que a competição em si mesma *não agrega valor à vida das pessoas, sendo a parceria desenvolvida na 2ª etapa algo que pode enriquecer a vida das pessoas na organização e na vida pessoal.*

👂 Temas sugeridos para a aplicação

– Unidade.

– Parceria x competição.

– Ganha-ganha x perde-perde.

– Unidos, somos mais felizes.

• **Material para dinâmica:** cadeiras, aparelho de som ou instrumento musical.

- **Tamanho do grupo:** máximo de 12 pessoas.
- **Duração:** 30 minutos (10 para cada etapa e 10 para a aplicação).
- **Espaço físico:** sala ampla ou espaço ao ar livre.

DINÂMICAS "QUEBRA-GELO"

Vamos sugerir, nesta seção, duas dinâmicas que utilizamos em início de treinamentos, que têm como objetivo "aquecer" o grupo.

DINÂMICA ECONOME (APRESENTAÇÃO)

Procedimentos

– O facilitador inicia dizendo o seu nome e uma característica pessoal, demonstrando a mesma, dando um ou dois passos à frente, com um gesto.

Ex.: Eu sou o Edson, Elétrico!!! (*fazendo um gesto da característica*) Depois, retorna à sua posição inicial.

– O facilitador conduz todo o grupo a repetir o nome da pessoa que se pronunciou e a respectiva característica com gesto, da seguinte forma:

Ex.: O facilitador diz:

– Ele é o Edson...

E todos respondem: – ELÉTRICO!!! (com o mesmo gesto, um ou dois passos à frente)

– E assim sucessivamente. O facilitador conduzirá a apresentação de tantos componentes do grupo quantos ele julgar necessário para a descontração.

☞ Recomendações

– Os facilitadores iniciam as apresentações.

Dinâmica dos Nomes

(em seqüência) 15 a 20 pessoas

– Inicia-se com a pessoa ao lado do facilitador e vai-se acrescentando o nome, à medida que cada um se apresentar. Fala-se seu próprio nome e repete-se o da pessoa anterior e assim sucessivamente. O facilitador deverá terminar esta dinâmica, repetindo todos os nomes dos componentes do grupo.

Dinâmicas para Descontração

Nesta seção, seguem dois exemplos de dinâmicas, relativamente rápidas, que costumamos realizar nos momentos de intervalos, visando à descontração do grupo.

Dinâmica Besouro

O facilitador apresenta o desafio ao grupo, com todos sentados em roda.

Dizer a seguinte frase sem mostrar os dentes:

– *Fulano, tem um besouro tomando banho no seu banheiro?* (pergunta-se à pessoa ao lado)

Ela responde:

– *Espere um pouquinho, que eu vou perguntar pro meu vizinho...* E assim sucessivamente.

Dinâmica Zip, Zap, Zop

No início desta dinâmica, o facilitador deverá pedir ao grupo que todos aprendam (se ainda não souberem) o nome das pessoas ao seu lado esquerdo e ao direito.

– O grupo deverá estar sentado, disposto em círculo, com o voluntário, que inicialmente será o próprio facilitador, colocando-se em pé no meio do mesmo. É importante que haja sempre uma cadeira a menos no grupo, para que o voluntário fique sempre em pé, ao indagar os companheiros.

– Quando o voluntário (que inicialmente será o próprio facilitador) disser **ZIP** e apontar para uma pessoa do grupo, a mesma terá de dizer o nome da ***pessoa que estiver ao seu lado esquerdo***. Se a pessoa não souber o nome do colega, a punição será ficar na posição de voluntário, até que se consiga sentar, no erro de algum companheiro.

– Quando o voluntário disser **ZAP**, a pessoa apontada terá de dizer ***o nome da pessoa à sua direita***.

– Quando o voluntário disser **ZOP**, a pessoa terá que ***dizer o seu próprio nome***.

– Quando o voluntário disser a palavra mágica **ZUP**, todos os participantes do grupo terão de mudar de lugar e o voluntário tentará sentar e outro facilitador assumirá seu lugar.

– Fica a critério do facilitador determinar o final da dinâmica, em função do tamanho do grupo e do tempo disponível para a dinâmica.

(ALGUMAS) SUGESTÕES PARA A DINAMIZAÇÃO DE GRUPOS ATRAVÉS DA MÚSICA

A música tem uma força muito grande nos trabalhos com grupos, pois estimula a ludicidade e a emoção das pessoas.

Nossa intenção aqui é simplesmente sugerir a você mais uma forma de trabalho de grupo que temos utilizado, com recursos e músicas de que dispomos. Tente fazê-lo, utilizando-se destas ou de outras composições conhecidas por você e por seu grupo.

Compartilharemos aqui apenas alguns exemplos, numa área que justificaria um ou mais capítulos sobre este tema:

1º exemplo:

Buscávamos uma música que atendesse às seguintes necessidades:

– tivesse uma letra significativa, que tratasse da questão da Unidade, para utilizarmos ao final dos treinamentos;

– esta letra precisaria citar um elemento que pudesse ser materializado e entregue às pessoas, por se tratar do término de treinamentos e por que desejávamos que os participantes levassem uma lembrança para casa.

Para atender a estas condições, escolhemos as duas músicas a seguir:

ANIMA
Stella Junia

De tudo que se deve guardar
Guarde o coração
Guarde o coração | duas vezes

De tudo que se deve guardar
Guarde o coração
Guarde o coração | duas vezes

Se quiser saber o ritmo, ligue para nosso telefone no final do livro.

Esta música atende perfeitamente às condições, pois entregamos no treinamento "corações" para os participantes, criando um momento de alegria e emoção.

Outra opção, que atendeu plenamente àqueles requisitos, é a música abaixo, cuja forma de trabalho é similar ao *Anima*, durante a qual também entregamos corações de cartolina. Tive oportunidade em 2003 de conhecer pessoalmente Pierre Weil, num *workshop* na Unipaz-RJ e lá aprendi esta simples e significativa canção:

TE OFEREÇO PAZ
Unipaz – RJ

Te ofereço paz
Te ofereço amor
Te ofereço amizade

Ouço tuas necessidades
Vejo tua beleza
Sinto teus sentimentos

Minha sabedoria flui
De uma fonte superior
Reconheço esta fonte em ti
Trabalhemos juntos

2º exemplo:

– Procurávamos uma música que fosse original e atraente para o grupo.

– Desejávamos que os participantes pudessem acompanhar esta música com instrumentos de uma "bandinha infantil" (com triângulos, chocalhos, pandeiros, latinhas de refrigerante, bastões de madeira, apitos etc.).

– Uma música que fosse de fácil aprendizado.

– Uma música cuja letra levasse as pessoas ao comprometimento e à reflexão.

Encontramos uma música que atendia à condição acima, aprendidas com o excepcional músico Eduardo Lakschevitz, professor da UNIRIO-RJ.

As músicas em dialeto africano têm um "tempero" especial, uma vez que causam grande impacto nas pessoas.

SYAHAMBA

Arranjo: Eduardo Lakschevitz

Syahamba kuqüeneniqüeko
Syahamba kuqüeneniqüeko
Syahamba, hamba, syahamba uh! uh!
Syahamba kuqüeneniqüeko

Tradução

Caminhamos/Marchamos

Caminhamos para a luz do Amor
Caminhamos para a luz do Amor
Caminhamos, nós marchamos uh! uh!
Caminhamos para a luz do Amor

Um casal de professores ligado a uma ONG brasileira foi convidado a desenvolver o trabalho em uma determinada cidade angolana. Como sabemos, a Angola esteve por quase 30 anos em estado constante de guerra e foi justamente nesta época que eles foram para lá. O primeiro desafio era o de chegar até o local, uma vez que para transitar no país precisavam não só de autorização, mas também de recursos próprios para locomoção. Enfim, vencendo a primeira etapa de sua tarefa, agora precisavam se aproximar das crianças. Estas eram arredias, nascidas e criadas em um cenário tão terrível. Como tocá-las, como atraí-las? O casal, então, saía a campo levando em seus braços brinquedos simples. Quando as crianças começaram a ter contato com os brinquedos, era como se algo mágico acontecesse. Até então seus brinquedos eram as armas da guerra. Coisas como bola de gude e bambolê eram surpreendentes para elas. Dentro de pouco tempo, os professores não precisavam mais buscar as crianças, mas estas vinham até eles. Logo a casa que lhes servia de abrigo ficou repleta de crianças de todas as partes, tribos opostas politicamente agora brincavam juntas, em paz, trocavam seus briquedos e até sorriam. Mas quem eram estas crianças? Quem era a criança da guerra? O primeiro perfil é de que geralmente não havia muita gente esperando por elas em casa. O pai ou estava na guerra ou havia morrido na guerra. A mãe, que ficava com toda a responsabilidade de provisão, muitas vezes saía de manhã procurando algo para dar de comer aos seus filhos e quase sempre não achava, algumas nem sequer voltavam para casa. Eram crianças muito sozinhas. O segundo traço em comum dizia respeito também à ausência, não de outrem, mas de algo seu. A cada cinco crianças que chegavam, três estavam mutiladas. Umas brincando, outras perambulando, mas a maioria tinha sido vítima dos campos minados da guerra. Assim eram aquelas crianças de Angola. Com um histórico de tantas perdas e ausências, pela primeira vez elas ouviam falar que era possível acreditar nos bons valores, começaram a aprender que a vida era mais que a guerra, começaram a aprender sobre a paz.

O partido político que naquele momento vencia a guerra ouviu dizer de um casal de professores que trocava as armas de seus futuros guerrilheiros por brinquedos inofensivos e que ensinavam coisas subversivas, como a paz. Isto era extremamente ameaçador. Então, encaminharam um convite ao casal: "Que se retirassem de Angola, ou não poderiam responder por sua integridade física." Era uma ameaça de morte. E agora? Como contar isto às crianças? Eles as reuniram no quintal e deram a notícia de que em breve voltaríam para o Brasil.

As crianças sofreram muito com a notícia da separação. Seu sonho de paz teria acabado? As crianças queriam dar um presente ao casal, antes que se fosse. Queriam dar algo que lhe mostrasse o quanto havia valido a pena sua ida até Angola, o quanto cada palavra havia entrado em seus coraçõezinhos. No dia em que o vôo estava marcado, as crianças se despediram cantando uma canção para os professores. Assim o *Syahamba* nasceu.

3º exemplo:

– Procurávamos uma música conhecida.

– Uma música que transmitisse alegria, para um momento de descontração.

– Uma música que desse condições de desenvolver a seguinte dinâmica: todo o grupo deverá estar em círculo e um de seus componentes será o líder. Este líder criará um movimento que deverá ser copiado pelos demais, andando em círculo, cantando esta música toda vez que cada um for o líder:

ATIREI O PAU NO GATO

Atirei o pau no gato,
Mas o gato não morreu
Dona Xica admirou-se
Do berro que o gato deu
MIAU!!!

– Todos os componentes do grupo deverão criar seu próprio movimento, que deverá ser "imitado" por todos.

O grupo não deverá ser muito grande, para que a dinâmica não fique cansativa.

EU NÃO SOU VOCÊ, VOCÊ NÃO É EU

Eu não sou você
Você não é eu
Mas, sei muito de mim
Vivendo com você
E você, sabe muito de você vivendo comigo?
Eu não sou você
Você não é eu
Mas, encontrei comigo e me vi
Enquanto olhava pra você

4. Coesão Grupal

Na sua, minha insegurança
Na sua, minha desconfiança
Na sua, minha competição
Na sua, minha birra infantil
Na sua, minha omissão
Na sua, minha firmeza
Na sua, minha impaciência
Na sua, minha prepotência
Na sua, minha fragilidade doce
Na sua, minha mudez aterrorizada
E você se encontrou e se viu
Enquanto olhava pra mim?
Eu não sou você
Você não é eu
Mas foi vivendo minha solidão
Que conversei com você
E você conversou comigo na sua solidão
Ou fugiu dela, de mim e de você?
Eu não sou você
Você não é eu
Mas sou mais eu,
Quando consigo lhe ver,
Porque você me reflete
No que eu ainda sou
No que já sou e
No que quero vir a ser
Eu não sou você
Você não é eu
Mas somos um grupo, enquanto
Somos capazes de, diferenciadamente,
Eu ser eu, vivendo com você e
Você ser você, vivendo comigo.

Pichon Riviére

Uma das grandes revoluções na história do pensamento psicológico se dá na última época através da grande descoberta de Howard Gardner, psicólogo americano, na Universidade de Haward/EUA. É incalculável prever-se o tamanho das repercussões de seu achado científico...

De um paradigma em que o QI era o indicador inteligência por excelência, este autor vai ampliar o expectro da percepção do que é ser inteligente, focalizando as capacidades ligadas ao hemisfério direito do cérebro que é o nosso lado emocional. Seguem abaixo os sete tipos de inteligência identificados por Gardner que continuam a aumentar com o decorrer de suas pesquisas.

Características das Inteligências Múltiplas

H. Gardner define as múltiplas inteligências e suas características da seguinte maneira:

Inteligência Verbal

— Gosta de escrever, ler e ouvir.

— Bom contador de histórias e piadas.

— Tem boa memória para nomes, lugares, datas e trivialidades.

— Tem vocabulário rico e se expressa com fluência e clareza.

— Gosta de fazer palavras cruzadas e jogo de palavras.

Inteligência Lógico-matemática

— Explora padrões, categorias e relações.

— Resolve problemas aritméticos rapidamente.

— Gosta de Matemática e de usar computadores.

— Resolve problemas logicamente.

— Gosta de xadrez, damas, jogos de estratégias e enigmas.

— Faz experimentos para testar o que não entende com facilmente.

Inteligência Intrapessoal

— Tem percepção aguda de sentimentos profundos, qualidades e defeitos.

— Mostra independência, força de vontade e autodireção.

- Reage com opiniões fortes em discussões controvertidas.
- Prefere seu mundo particular.
- Gosta de isolar-se para produzir projetos ou *hobby* pessoal.
- Tem um alto grau de autoconfiança.
- Motivado para produzir projetos e estudos pessoais.
- Habilidade intuitiva.

Inteligência Espacial

- Pensa com imagens e fotos.
- Gosta de participar de atividades artísticas.
- Visualiza imagens claras quando pensa sobre algo.
- Lê facilmente mapas e diagramas.
- Desenha representações precisas de pessoas ou coisas.
- Gosta de ver filmes, *slides* ou fotos.
- Gosta de fazer quebra-cabeças.

Inteligência Musical

- Sensível à variedade de sons do ambiente.
- Toca instrumentos ou gosta de música.
- Lembra de melodias de músicas.
- Percebe uma nota musical desafinada.
- Prefere estudar e trabalhar com música.
- Coleciona discos, gosta de cantar e dedicar tempo à música.

Inteligência Cinestésico-corporal

- Aprende melhor movimentando-se, tocando ou mexendo nas coisas.
- Processa o conhecimento através de sensações corporais.
- Envolve-se em atividades esportivas.

- Desempenha atividades motoras.
- Gosta de tocar ou ser tocado quando fala com as pessoas.
- Gosta de aprender usando manipulações e outras práticas.

Inteligência Interpessoal

- Gosta de estar com pessoas.
- Tem muitos amigos.
- Organiza, comunica e, às vezes, manipula.
- Aprende melhor relacionando-se e compreendendo.
- Gosta de atividades em grupo.
- Serve como mediador nas discussões.
- Pode ler situações com precisão.

De todas as inteligências listadas, a inteligência interpessoal é a que mais nos interessa em nossa reflexão sobre grupos e dinâmica de grupo, pois nos coloca diante de um fato importante para o projeto de desenvolvimento grupal, que é a possibilidade de desenvolvermos nossa capacidade de nos inter-relacionarmos, fato que a ciência desconhecia até aqui. Quando temos a consciência de que podemos aumentar nosso "potencial relacional", abre-se um grande caminho para o encremento de qualidade grupal.

GRUPO OPERATIVO

Essa é uma outra teoria importante acerca dos grupos e de como seus participantes interagem entre si. O grupo operativo, segundo a definição do iniciador do método, Enrique J. Pichon-Rivière, "é um conjunto de pessoas com um objetivo comum" que procuram abordar trabalhando como equipe. A estrutura de equipe só se consegue na medida em que opera; grande parte do trabalho do grupo operativo consiste, em resumo, no treinamento para trabalhar como equipe.

No campo do ensino, o grupo se prepara para aprender e isto só se alcança enquanto se aprende, quer dizer, enquanto se trabalha.

4. Coesão Grupal

O grupo operativo tem objetivos, problemas, recursos e conflitos que devem ser estudados e considerados pelo próprio grupo, à medida que eles vão aparecendo; serão examinados em relação à tarefa e em função dos objetivos propostos.

Através de sua atividade, as pessoas entram em determinadas relações entre si e com as coisas, além da mera vinculação técnica com a tarefa a realizar, e este complexo de elementos subjetivos e de relação constitui o fator humano mais específico da mesma.

No ensino, o grupo operativo trabalha sobre um tópico de estudo, porém, enquanto o desenvolve, se forma nos diferentes aspectos do fator humano. Embora o grupo esteja concretamente aplicado a uma tarefa, o fator humano tem importância primordial, já que constitui o "instrumento de todos os instrumentos". Não existe nenhum instrumento que funcione sem o ser humano. Opomo-nos à velha discussão, tão difundida, de que tarefa melhor é realizada quando são excluídos os chamados fatores subjetivos e ela é considerada apenas "objetivamente". Pelo contrário, afirmamos e garantimos, na prática, que o mais alto grau de eficiência em uma tarefa é obtido quando se incorpora sistematicamente à mesma o ser humano total.

Por outro lado, e com isto estamos apenas aceitando os fatos como são, incorporamos o ser humano na teoria e na condução operativa da tarefa porque já estava incluído de fato. Porém, esta inclusão é agora "desalienante", de tal maneira que o todo fique integrado e que a tarefa e as coisas não acabem absorvendo (alienando) os seres humanos. Alcança-se maior objetividade incorporando o ser humano (inclusive os fatores subjetivos), quer dizer, tomando as coisas tal como acontecem, para entendê-las e poder fazer com que aconteçam da melhor maneira.

De modo algum, estas considerações saem do nosso tema, porque entre os instrumentos sociais de alienação está, em lugar relevante, o ensino e a forma com que – em geral – se realiza: desumanizada e desumanizante.

Bock traz uma definição de Saidon que vale apresentar:

> "O Grupo Operativo caracteriza-se por estar centrado, de forma explícita, em uma tarefa que pode ser o aprendizado, a cura (no caso da psicoterapia), o diagnóstico de dificulda-

> des etc. Sob essa tarefa, existe outra implícita subjacente à primeira, que aponta para a ruptura das estereotipias que dificultam o aprendizado e a comunicação."

Várias são as dinâmicas que podem ser utilizadas para desenvolver a técnica do grupo operativo, como a Dinâmica dos Escravos de Jó, a Dinâmica das Bolinhas, a Dinâmica do Círculo etc.

Esta é outra dinâmica que gostaria de sugerir.

DINÂMICA DO ECRO GRUPAL

Procedimento

Propõe-se ao grupo numa data anterior ao último encontro que traga um objeto significativo para ele. No dia do encontro final, o facilitador pede para que todos coloquem os objetos no centro da sala. Feito isso um participante de cada vez pega o seu objeto e partilha com o grupo as razões da importância para ele. Temos presenciado momentos de muita emoção e crescimento neste tipo de vivência.

Capítulo 5

Sugestões para a Biblioteca e Filmoteca do Líder

"Quem não sabe o que procura não entende o que encontra."
Claude Bernard

5. Sugestões para a Biblioteca e Filmoteca do Líder

Estimado líder, gostaríamos de lhe fazer uma pergunta que sempre fazemos em nossos treinamentos: A quantos filmes o irmão assistiu ou quantos filmes alugou este ano?

Alguns dirão: o cinema tem muita violência e coisas que não edificam...

Sabemos disto. Porém, se "garimparmos" (e garimpar dá trabalho), certamente poderemos encontrar filmes que trazem mensagens edificantes para as nossas vidas.

Outra pergunta: Quantos livros você, líder, leu este ano para enriquecer e abençoar a você mesmo e ao seu grupo? Consideramos recomendável, para formação pessoal e técnica do líder, a leitura de pelo menos dois livros por mês. Esta tem sido a nossa meta, que não é fácil.

Assistir a bons filmes e ler livros interessantes são hábitos muito saudáveis e imprescindíveis, que devem ser cultivados pelo líder.

Uma pessoa próxima a nós, líder em sua igreja, há anos bateu seu próprio recorde (trabalhando, estudando e atuando ativamente na organização). Leu no decorrer de um ano 66 livros, uma média de 5,5 livros por mês...

Receba esta informação como estímulo para a sua própria vida. Pesquisar livros e outros "materiais para a sua construção" pode ajudá-lo bastante neste sentido.

Gostaríamos de sugerir para você alguns livros e filmes que consideramos bastante interessantes, que temos utilizado também como ferramenta de trabalho para o nosso crescimento pessoal e para abençoar a outros:

LIVROS PARA TRABALHOS DINAMIZADOS

• *O frio pode ser quente?*
Masur, Jandira – Editora Ática, 1999

Este é um livro infantil. Um livro "de criança" para "gente grande". Tem uma mensagem bastante interessante, demonstrando o quanto todas as coisas dependem da maneira como as vemos. Este livro trabalha basicamente a percepção e ensina que a forma como vemos as coisas pode orientar a maneira de lidarmos com elas, bem como a questão da reformulação na rigidez de nossos paradigmas. Se procurarmos perceber as coisas de outro ponto de vista, poderemos lidar melhor com situações de nossa vida.

Sugestão de dinamização: Dividimos as pessoas em grupos de, no máximo, seis pessoas. Atuamos com cinco a oito livros. Fazemos a leitura do livro em conjunto, isto é, o livro fica com uma das pessoas do grupo, que mostrará as gravuras para as outras. Cada página do livro é lida por uma equipe. A primeira equipe lerá: "... As coisas têm muitos jeitos de ser. Depende do jeito de a gente ver". O outro grupo lerá a segunda página, e assim sucessivamente.

Ao final da leitura, coloca-se todo o grupo em círculo e, com o método da maiêutica, *permitimos que o grupo expresse suas opiniões, informando os pontos mais marcantes na leitura do livro.*

• *O presente precioso*
Johnson, Spencer

Este é um livro que podemos trabalhar lendo-o com todo o grupo. Utilizamos o livro como material de apoio para treinamento, ou, ainda, ao final dele, como forma de manutenção da consultoria, como incentivo à reflexão e ao entusiasmo, enviando-o aos participantes.

O livro *traz uma surpresa* para os leitores ao seu final, que você, como líder, irá gostar muito de conhecer, para incentivar o seu grupo.

• *Quem mexeu no meu queijo?*
Johnson, Spencer

A idéia deste livro é apresentar a proposta de pensarmos a *mudança* e a importância de estarmos alertas às mudanças. Trata-se de leitura coletiva que utilizamos em pré-treinamentos, na preparação de conteúdo dos grupos, ou ainda, recomendamos pós-treinamentos, para manutenção das aprendizagens adquiridas.

- *Terapia do Abraço I e II*
  Keating, Kathleen – Ed. Cultrix/Pensamento

  Estes dois livrinhos são resultado de uma pesquisa científica, na qual se descobriu que as crianças doentes nos berçários de uma maternidade americana que não eram tocadas pelas mães ou enfermeiras morriam ou demoravam muito a melhorar. **A autora diz que uma pessoa normal precisa de, no mínimo, cinco abraços por dia para ser feliz...**

  Os livros têm ilustrações muito belas com ursos que ensinam vários tipos e formas de abraço, que podem ser ensinados a grupos que estão se integrando ou a grupos de pessoas que já se conhecem. É só usar a imaginação.

  Em nossos treinamentos, criamos a seguinte forma de aplicação destes livros:

  Primeiramente, explica-se ao grupo os fundamentos da terapia do abraço descrita nas primeiras páginas dos livros.

  Com o grupo posicionado em círculo, solicita-se que cinco ou seis voluntários se apresentem. Distribuem-se os desenhos dos abraços dos ursos *ampliados* em folhas de papel tamanho A4 para cada voluntário (SOMENTE OS DESENHOS, SEM O TEXTO).

  Explica-se aos voluntários (sem que o grupo ouça) que eles deverão escolher alguém da "platéia" para reproduzir e ensinar o "abraço" que eles têm em mãos.

  Então, de acordo com os "abraços" que o facilitador pré-selecionou, solicitará a um voluntário de cada vez que este escolha a sua "vítima", mostre o desenho a ela e reproduza o abraço para a "platéia".

  O facilitador *dirá ao grupo o nome deste abraço* e os voluntários que acabaram de se apresentar lerão juntos, para todo o grupo, o texto do livro que mostra as ocasiões em que este abraço pode ser utilizado... (todos os tipos de abraço têm um texto semelhante a este que é explicativo, bem como a sua figura respectiva).

  Ex.: *"Abraços de urso são para:*

  Os que compartilham um sentimento ou uma causa comum. Pais e filhos, ambos, precisam de um monte de abraços de urso, como apoio (...)"

  "O que um abraço de urso pode dizer para você?"

> *Cabe ao facilitador, após a leitura dos livros, escolher quais os tipos de abraço que mais estão adequados à realidade do grupo (Vera tem trabalhado normalmente com: abraço grupal, abraço do fundo do coração, abraço de lado, abraço padrão).*

Vera recomenda que o facilitador tenha esses exemplos de abraços *reproduzidos em transparências*, que poderão ser projetadas enquanto os voluntários fazem a leitura de cada abraço.

Vera termina esta dinâmica (depois que todo o grupo tenha retornado aos seus lugares) fazendo a leitura do "Fundamento lógico" do abraço (que você encontrará nas páginas iniciais dos livros) e conclui este momento com uma oração em círculo, num grande *"abraço grupal"*. Esta dinâmica pode ser feita em finais de encontros longos, em congressos da família, grupos de integração ou em qualquer grupo que precise se "alimentar de abraços".

- **Duração**: 40 minutos a 1 hora de duração.
- **Material da dinâmica**: livros, retroprojetor, papel.

LIVROS PARA FORMAÇÃO TEÓRICA DO LÍDER

- *Ensinando o elefante a dançar*
Belasco, James – Editora Campus, 1992

O livro fala sobre organizações e faz uma análise comparativa muito interessante acerca da estagnação das mesmas. Trata de mudança de paradigmas e traz uma experiência secular muita rica para os líderes.

- *Excelência na educação*
Ramos, Cosete – Qualitymark Editora, 1999

Neste livro a Profª Cosete Ramos, Ph.D. em Educação, faz uma releitura dos conceitos da proposta da qualidade total criados por Edward Demming (para a área administrativa/tecnológica) e a aplica à área da Educação. Em complemento a ele, a autora ainda produziu outros dois trabalhos que merecem ser estudados:

5. Sugestões para a Biblioteca e Filmoteca do Líder

- *Pedagogia da qualidade total*
  Ramos, Cosete – Qualitymark Editora

- *Sala de aula de qualidade total*
  Ramos, Cosete – Qualitymark Editora

- *A quinta disciplina*
  Senge, Peter – Editora Best Seller, 1995

  Neste livro, Peter Senge, que é o presidente do MIT (Instituto de Tecnologia de Massachussets), nos traz o conceito importantíssimo das "organizações de aprendizagem", que são aquelas que estão continuamente em aprendizado. Aquelas que entendem que precisam "aprender a aprender" e crescem, pois todos os seus membros estão aprendendo constantemente.

- *Os sete hábitos das pessoas muito eficazes*
  Covey, Stephen R. – Editora Best Seller

  Este é um livro secular de um autor cristão. É um livro importante para formação do líder, pois trata de hábitos bastante significativos que todo líder deve ter. O autor faz um destaque da experiência do grande psicólogo Victor Frankl, que foi forçado a viver no campo de concentração de Auschwitz, durante a Segunda Guerra Mundial, trazendo uma reflexão surpreendente para nosso crescimento.

- *O corpo fala*
  Weil, Pierre – Editora Vozes, 1996

  Este livro ensina o quanto a linguagem não-verbal pode ser útil para a compreensão das pessoas e auxiliar nos relacionamentos interpessoais. É um livro técnico, escrito com muito bom humor e alegria. É riquíssimo em ilustrações esclarecedoras sobre o que o autor deseja expor. É um livro indispensável a qualquer pessoa curiosa, especialmente educadores e líderes que desejam aprender a desenvolver *seu olhar,* para então criar estratégias de como se relacionar melhor com as outras pessoas.

- *Jogos cooperativos*
  Broto, Fábio Otuzi

  Este livro tem um caráter muito informal e traz muitas reflexões e dinâmicas interessantes, duas das quais apresentamos neste livro: Econome e Dança das Cadeiras.

VÍDEOS DE TREINAMENTO

• *Um time de águias*
Duração: 17 minutos

Para treinamento de lideranças e trabalho em equipe. A partir da história de Michael Single Terry, jogador de futebol americano, este vídeo traz lições muito ricas para transformar um time com sucesso, o time de águias.

Utilizamos este vídeo no final dos treinamentos, após as dinâmicas.

• *Juntos*
Duração: 7 minutos

O vídeo conta uma estória de pré-adolescentes e traz uma lição muito interessante sobre unidade e como, trabalhando juntos, podemos conseguir melhores resultados.

• *Ventos da mudança*
Duração: 9 minutos

Este é um desenho animado básico e interessantíssimo para compartilharmos a questão da mudança e de como lidar com ela. Traz uma visão muito significativa sobre os tipos de grupos que formamos dentro de nossas equipes: os grupos *"facilitadores"* e os *"dificultadores"* do processo. É um filme básico para educadores.

• *Zea*
Duração: 6 minutos

Filmado com recursos especiais, o filme propõe um enigma que se desfaz no seu final, e contém uma significativa lição acerca da temática do desenvolvimento da percepção, enfatizando que devemos ter paciência para entender os tempos dos processos e ser sensíveis para compreender as mudanças.

• *Natureza humana da qualidade*
Duração: 12 minutos

Este vídeo traz uma mensagem muito rica para as empresas, que pode ser também aplicada a outras organizações, inclusive à Igreja; ele demonstra que a qualidade é mais que um atributo – é uma atitude, onde o mais importante não é **o que** você faz, mas **como** você faz. Envolvente e humano, o filme retrata que o maior beneficiado de um trabalho com qualidade é o próprio executor da tarefa.

• *A guerra do arco-íris*
Duração: 20 minutos

A mensagem do vídeo demonstra a importância da união, da cooperação e do respeito às opiniões de outras pessoas, além de enfatizar que podemos crescer com as diferenças.

• *Corrida sem linha de chegada*
Duração: 10 minutos

Este desenho animado traz uma mensagem muito rica para as empresas, que pode ser também aplicada a outras organizações, inclusive à Igreja. Ele ilustra de modo criativo e bastante didático a importância de fazermos todas as coisas com qualidade.

Todos os vídeos sugeridos são produções da:
SIAMAR VÍDEOS DE TREINAMENTO
Tel.: 0800-55-67-00
Internet: www.siamar.com.br
E-mail: siamar@siamar.com.br

FILMES (PARA SEREM VISTOS COM A ORGANIZAÇÃO)

• *A tormenta*

O filme nos dá ricas lições a respeito de amizade, respeito à limitação do outro e conceito de família. É muito interessante para ser trabalhado com adolescentes e jovens.

• *Príncipe do Egito*

Desenho animado que traz a história bíblica de Moisés, acrescentando outros pontos de vista. Indicado para todas as faixas etárias.

• *Um sonho americano (2º episódio)*

Esta estória traz uma lição importante acerca de posturas éticas e de firmeza na luta por nossos ideais. Sua duração é de cerca de 30 minutos, e é indicado para adolescentes, jovens e adultos.

- *O adorável professor*

Este é um filme indicado para Educadores. Nele, pode-se observar claramente a mudança positiva de postura do personagem como Educador e em toda a sua vida.

Outras sugestões a que você, líder, deve assistir e avaliar a adequabilidade para aplicação com o seu grupo:

- *Nell*
- *Conte comigo*
- *O jardim secreto*
- *Hurricane – o furacão*
- *Formiguinha Z*
- *A história de nós dois*
- *Sociedade dos poetas mortos*
- *O resgate do soldado Ryan*
- *Meu nome é rádio*
- *Shreck 1 e 2*
- *Menina de ouro*
- *Corrente do bem*
- *Instinto*
- *Jamaica abaixo de zero*

Capítulo 6
Pedagodinâmica: A Arte de Ensinar Dinamizando

"Educar não é preparar para a vida. Educar é a própria vida."
Dewey

Os profissionais da Educação a cada dia estão tendo que lidar com maiores desafios para desenvolver projetos educacionais de qualidade. Entre eles podemos citar: alunos desmotivados, salas de aula com excessivo número de estudantes, carga horária desgastante, exigência de aprimoramento por parte das instituições etc.

Urge que se instrumentalize este "novo educador" a fazer frente a estes obstáculos, estimulando-o a ter um *novo olhar* acerca do que é Educação hoje e do que é exigido dos profissionais da Educação, procurando fazê-los refletir que a qualidade de suas intervenções pedagógicas está diretamente associada à *qualidade do vínculo estabelecido com seus alunos* e do conhecimento técnico do que pretendem ensinar.

Em 2004, trabalhando com muitos educadores criei um termo que tem sido muito útil para pensarmos uma atuação de excelência em educação: Pedagodinâmica – a arte de ensinar dinamizando.

Quem quiser ter sucesso como professor para qualquer nível de escolaridade precisa apreender que estas duas competências devem caminhar obrigatoriamente juntas.

PEDAGODINAMIZAR = ENSINAR – DINAMIZANDO

1ª PARTE: A ARTE DE ENSINAR

Entendemos que para atuarmos bem na 1ª etapa (a arte de ensinar) precisamos nos reportar a um dos educadores mais brilhantes que nosso país já produziu: Paulo Freire.

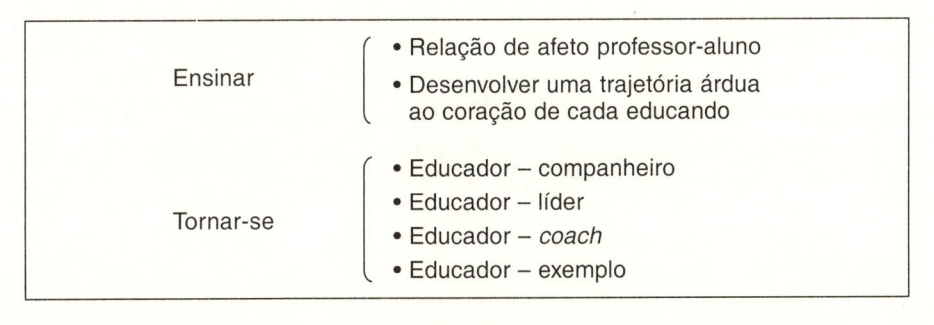

Ensinar	• Relação de afeto professor-aluno • Desenvolver uma trajetória árdua ao coração de cada educando
Tornar-se	• Educador – companheiro • Educador – líder • Educador – *coach* • Educador – exemplo

Este autor, em um de seus belos livros *Pedagogia da Autonomia*, nos fala de competências muito importantes para que a arte de ensinar se desenvolva:

– Ensinar exige pesquisa;
– Ensinar exige respeito aos saberes dos educandos;
– Ensinar exige criticidade;
– Ensinar exige ética;
– Ensinar exige ser exemplo (não só nas palavras, mas com atitudes);
– Ensinar exige risco e aceitação do novo;
– Ensinar exige rejeição a qualquer forma de discriminação;
– Ensinar exige consciência do nosso inacabamento;
– Ensinar exige alegria e esperança;
– Ensinar exige apreensão da realidade;
– Ensinar exige convicção de que a mudança é possível;
– Ensinar exige segurança e competência profissional;
– Ensinar exige compreender que a Educação é uma forma de intervenção no mundo;
– Ensinar exige liberdade e autoridade;
– Ensinar exige saber escutar;
– Ensinar exige reconhecer que a Educação é ideológica;
– Ensinar exige disponibilidade para o diálogo;
– Ensinar exige querer bem aos educandos.

Quando ministramos cursos na área da Educação, muitas vezes dividimos a turma em pequenos grupos e solicitamos que cada grupo discuta por algum tempo uma das competências supracitadas. Logo depois, pedimos que apresentem suas reflexões para o grupão, permitindo-nos, assim, uma visão ampla destas idéias de Paulo Freire.

Deixamos aqui uma poesia que pode demonstrar o grito do aluno para ser ouvido e aceito:

Amor é Síntese

Mirtes Mathias

Por favor, não me analise
Não fique procurando
  cada ponto fraco meu
Se niguém resiste a uma análise profunda,
  quanto mais eu!
Ciumenta, exigente, insegura, carente
  toda cheia de marcas que a vida deixou:
vejo em cada exigência
  um grito de carência,
  um pedido de amor!
Amor, amor é síntese,
  uma integração de dados:
não há que tirar nem pôr
Não me corte em fatias,
  (ninguém consegue abraçar um pedaço),
me envolva toda em seus braços
  e eu serei perfeita, amor!

Obs.: Esta poesia é de autoria da poetisa evangélica, já falecida, Myrthes Mathias, editada pela JUERP, no livro *Bom dia amor*, edição de 1988 (vide bibliografia).

2ª PARTE: DINAMIZAR TUDO O QUE ENSINA

– O que é dinamizar?
– Que dimensões são acionadas quando se dinamiza?
– Quais os resultados desta metodologia em sala de aula?

Rubens Alves, um dos maiores educadores do país, disse: "Educação não se faz com dinheiro... É um equívoco achar que o mau cozinheiro fará boa comida com panelas novas e bonitas... Educação se faz com inteligência e amor."

Um dos segmentos nos quais as Dinâmicas de Grupo podem ser bastante úteis e significativas é a Educação, e temos trabalhado muito com professores, pois cremos que, se cada educador entender que precisa *Pedagodinamizar*, isto é, precisa aprender a dinamizar o que ensina, suas intervenções pedagógicas serão muito mais profícuas.

O editor da revista ENAF, Sebastião José Paulino, especializada em Fisioterapia afirma que a modernidade e a pós-modernidade trouxeram ao homem instrumentos inovadores e criativos que lhe permitiram uma velocidade inimaginável no encontro com novos conhecimentos, novas descobertas e – por que não? – novos desafios. Em termos de evolução tecnológica, estamos vivendo como que num filme de ficção. Somos personagens de uma estória futurista contada pelos nossos pais, aqueles mais arrojados e ditos visionários.

São inegáveis os benefícios trazidos pela era da informação ao nosso dia-a-dia, principalmente em termos de saúde e educação. Elevamos muito a nossa expectativa de vida – e vida de qualidade! – nas últimas décadas. Mas, se por um lado evoluímos e enriquecemos nossas vidas com saúde física e conhecimentos, corremos o risco de passar ao largo de valores, princípios, relacionamentos que nos trazem o sentido para viver e saber tanto! Estamos falando da experiência vivenciada do conhecimento, da **"expervivência"**, como dizem alguns, que é experimentar o que se aprende, apreende e sentir o que se experimenta com a vida, com os olhos, com a alma. E, nesse aspecto, é o conteúdo que conta, não a agilidade do aprendizado. É a criatividade que faz crescer, não a cópia. Porque "educar não é reproduzir um modelo, é fazer um novo homem". Por isso, corremos o risco da massificação, da reprodução, da falta de liberdade de sermos nós mesmos.

E por que viver tanto, numa longevidade vazia, senão investirmos nos relacionamentos que enriquecem os nossos dias, no fazer junto, no ser com o outro e viver para o outro? O segredo é o equilíbrio entre o viver e o conviver.

Seria muito fácil investir em educação e saúde sem a preocupação com esses pressupostos. É preciso ir além das aparências e buscar conteúdos consistentes e perenes que nos levem a entender que educação é saúde.

Esta é a segunda etapa da pedagodinâmica, a vivência, dinamizando os conteúdos. Muitas das dinâmicas apresentadas no decorrer do livro podem ser utilizadas para desenvolvermos esta etapa, aprendendo a dinamizar o que se ensina. Por exemplo, podemos sugerir:

- dinâmica das vendas para trabalhar cuidado e empatia;
- o texto do filme *Sociedade dos poetas mortos*;
- dinâmica do *Syahamba*.

E alguns filmes são básicos (o ideal é que se façam compactos de, no máximo, 30 minutos) para refletir sobre a arte de dinamizar o ensino, como: *A corrente do bem, Meu adorável professor, Sociedade dos poetas mortos*.

O mais importante na 2ª etapa é estimular cada educador a "facilitar aquilo que ensina", mostrando que, para que o aluno aprenda, ele precisa estar motivado a fazê-lo.

Deixo aqui uma poesia de minha autoria, que nasceu neste último semestre, a partir de vivências muito prazerosas obtidas com muitos alunos que se tornaram amigos...

Encontros

Edson Andrade

Educo porque vivo
Vivo para educar
Educo para viver
E em cada encontro-aula
Ou aula-encontro
Pode-se criar amigos
Aprender juntos, vibrar juntos, sofrer juntos...
Cada aula é um desafio e um confronto
Confronto com a "Ementa",
confronto com o "Programa"
Estes precisam ser nossos amigos (não inimigos)
Não podemos fugir deles...
Mas precisamos enfrentá-los, domá-los, domesticá-los
Tornando-os palatáveis, suportáveis, compreensíveis
E se possível (se formos bons artistas)...
Prazerosos!!!
Cada prova então, não deveria ser **PROVA**

Precisa ser AVALIAÇÃO
Avaliação de uma caminhada conjunta
Caminhada realizada a quatro mãos
As nossas e as de nosso aluno
Mãos de parceiros de construção
Mãos de amigos-construtores-de-sonhos...
Então perceberemos que a qualidade da aprendizagem
Será tanto maior
Quanto maior tiverem sido
A qualidade de nossas trocas

Capítulo 7

Crescimento Pessoal no Grupo

*"Quando nos comprometemos, os acontecimentos
fluem a nosso favor, como resultados da decisão.
Qualquer coisa que possamos fazer ou sonhar podemos começar
A coragem contém em si mesma a força e a magia."*

Göethe

Vamos apresentar agora uma série de instrumentos/reflexões que podem ser utilizados para o crescimento e o fortalecimento de grupo.

Primeiro Instrumento:
O Grupo como uma Organização de Aprendizagem

O grupo pode ser um espaço de profundo crescimento para os indivíduos e alguns grupos se favorecem mais que outros.

Os grupos favorecedores são espaços nos quais as pessoas expandem continuamente sua capacidade de criar resultados que realmente desejam, onde surgem novos e elevados padrões de raciocínio, onde a aspiração coletiva é libertada e onde as pessoas **aprendem continuamente a aprender em grupo**.

A capacidade de aprender mais rápido que seus concorrentes pode ser a única vantagem competitiva sustentável.

Quanto mais o mundo se torna interligado, e os negócios mais complexos e dinâmicos, o trabalho está cada vez mais ligado ao aprendizado, e já não basta ter uma única pessoa aprendendo pela organização toda (o especialista).

As melhores organizações do futuro serão aquelas que descobrirão como despertar o empenho e a capacidade de aprender das pessoas em TODOS os níveis da organização.

> *"A história das equipes que se tornaram excelentes, é que estas não começaram excelentes – elas foram pouco a pouco produzindo resultados extraordinários."*
> Peter Senge.

SEGUNDO INSTRUMENTO:
Tipologia Cultural de Sethia e Glinow

PESSOAS			
	ALTO	Paternalista	Integradas
	BAIXO	Apática	Exigente
		Baixa	Alta
		DESEMPENHO	

Este é um instrumento para avaliar que tipo de relações as pessoas podem estabelecer em seus grupos profissionais.

Sethia e Glinow (1988), em livro citado na bibliografia, desenvolvem uma tipologia cultural a partir da combinação de duas dimensões básicas – preocupação por pessoas e por desempenho. Aqui, você poderá avaliar em que quadrante se encontra o seu grupo de trabalho.

TERCEIRO INSTRUMENTO:
Dispositivo de Avaliação da Qualidade de Vida dos Indivíduos do Grupo

Divida cada raio da circunferência em dez pedaços e, considerando o ponto 0 no centro e o 10 na extremidade, dê nota de 0 a 10 para o seu grau de satisfação em relação aos itens especificados. Depois de marcar uma pontuação em cada um, faça uma curva unindo esses pontos todos (Fig. 29).

7. Crescimento Pessoal no Grupo

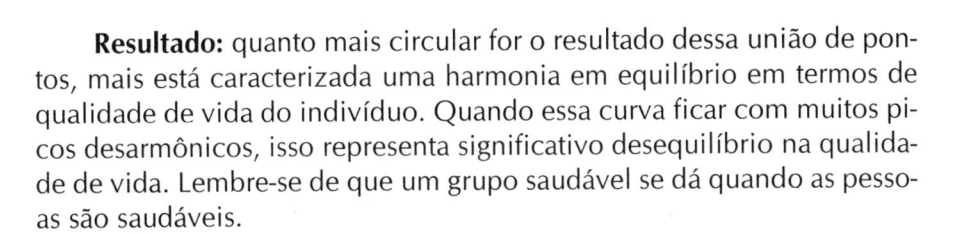

Diagrama circular com setas indicando: Ambiente, Carreira, Lazer, Dinheiro, Crescimento Pessoal, Saúde, Romance, Família, Amigos.

Fig. 29

Resultado: quanto mais circular for o resultado dessa união de pontos, mais está caracterizada uma harmonia em equilíbrio em termos de qualidade de vida do indivíduo. Quando essa curva ficar com muitos picos desarmônicos, isso representa significativo desequilíbrio na qualidade de vida. Lembre-se de que um grupo saudável se dá quando as pessoas são saudáveis.

QUARTO INSTRUMENTO:
Janela de Johari

Um instrumento rico para se avaliar o posicionamento do indivíduo em seu grupo é a Janela de Johari desenvolvida por Josefh Luft e Harry Inglaw trazida por Fela Moscovici em seu livro *Desenvolvimento Interpessoal*. Esta ferramenta possibilita a visualização de nossas relações naquilo que é percebido por nós e pelos outros.

	CONHECIDO PELO EU	DESCONHECIDO PELOS OUTROS
CONHECIDO PELOS OUTROS	EU ABERTO	EU CEGO
DESCONHECIDO PELOS OUTROS	EU SECRETO	EU DESCONHECIDO

EU ABERTO: são as características em nossas relações de que temos consciência e os outros também.

EU CEGO: representam as características que nós não estamos percebendo, mas são percebidas pelos outros.

EU SECRETO: representam aquelas características de que nós temos conhecimento, mas que escondemos dos outros (que outros não têm acesso).

EU DESCONHECIDO: estão aqui nossos potenciais latentes que não temos conhecimento e consciência (e, às vezes, no grupo podem-se clarificar).

– Outra aplicação da Janela de Johari é para representar estilos interpessoais, isto é, tipos de relação que podemos desenvolver em nossos grupos.

– Duas variáveis são importantes para avaliarmos estes estilos demonstrados na Janela:

- capacidade de auto-exposição: capacidade de colocar-se, de falar de si e de seus sentimentos;
- busca de *feedback:* procura por aferir sobre o próprio comportamento, buscando retorno sobre si.

Daí se desenvolveram, a partir da Janela, quatro estilos de relação interpessoal caracterizados por maior ou menor auto-exposição e busca de *feedback*.

Os quatro estilos interpessoais representados na Janela podem ajudar-nos a uma reflexão acerca dos tipos de relacionamento que estamos construindo nos grupos aos quais pertencemos. Refletir sobre estas verdades pode-nos tornar melhores participantes de um grupo.

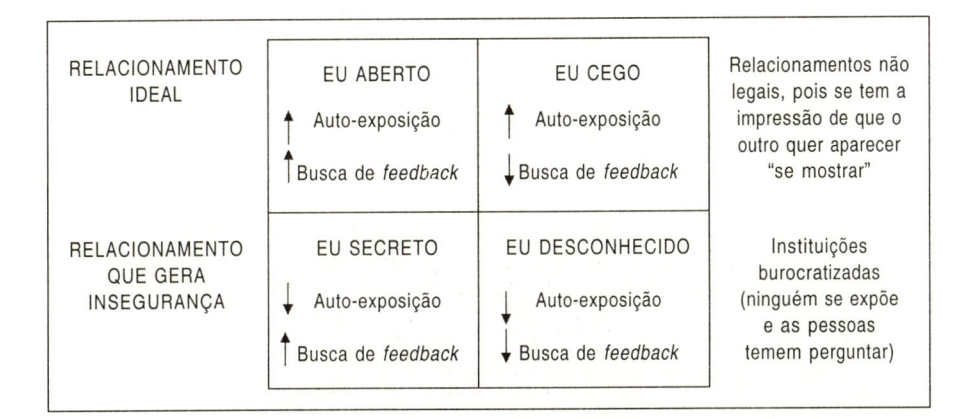

RELACIONAMENTO IDEAL	EU ABERTO ↑ Auto-exposição ↑ Busca de *feedback*	EU CEGO ↑ Auto-exposição ↓ Busca de *feedback*	Relacionamentos não legais, pois se tem a impressão de que o outro quer aparecer "se mostrar"
RELACIONAMENTO QUE GERA INSEGURANÇA	EU SECRETO ↓ Auto-exposição ↑ Busca de *feedback*	EU DESCONHECIDO ↓ Auto-exposição ↓ Busca de *feedback*	Instituições burocratizadas (ninguém se expõe e as pessoas temem perguntar)

QUINTO INSTRUMENTO:
Avaliação de Trajetória

Um instrumento muito interessante, que temos utilizado com bons resultados, trata-se de uma avaliação do estágio que cada pessoa está no momento atual, seja na área profissional, seja na vida acadêmica, seja na vida espiritual, seja na vida conjugal, etc.

Procedimento:

Cada um dos bonequinhos na ilustração da página seguinte está num determinado estágio em relação à subida da árvore. A proposta é que cada um, observando os 20 bonecos, avalie seu estágio atual em relação a uma determinada situação específica (que o facilitador deve propor).

Pede-se aos participantes que escolham um dos bonequinhos, aquele que mais o identifique no momento. Não há necessidade de expor a escolha, apenas identifique.

Dependendo do grupo, solicite depois, que cada um identifique algum colega do grupo entre os bonequinhos, também sem verbalizar.

Em seguida o facilitador vai analisando cada bonequinho, aferindo com o grupo a impressão que cada um transmite.

Estão listadas a seguir, interpretações possíveis para cada um deles.

Fig. 30

1. O número 1 parece estar numa posição inicial da caminhada, mas contempla a trajetória, como alguém que quer caminhar e quer alcançar seus alvos, demonstra uma certa expectativa positiva diante da tarefa.

2. O número 2 está numa posição de dar apoio a um colega. Ajudar, é uma atitude nobre; porém só não será legal, se esta pessoa ficar somente nesta posição, não solicitando/recebendo ajuda posteriormente.

3. O número 3 que como o 1, está na base, parece, numa postura muito diferente deste, pois além de não estar com o foco no alvo, está sentado, numa posição de quem não está preparado para crescer.

4. O número 4 está recebendo ajuda. Todo mundo pode precisar de ajuda, em algum momento... O problema, é como ele lida com esta ajuda: de forma agradecida ou "usando" os outros para subir.

5. O número 5 parece ter encontrado uma posição, para ele confortável, e está acomodado ali. Dá a impressão de estar feliz neste lugar, apesar de ser uma posição muito iniciante, diante dos lugares nos quais pode chegar.

6. O número 6 está numa posição muito difícil, pois está caindo, e esta "caída", pode ter muitas conotações, e o que se dará depois dela (desistir ou tentar continuar) será decisivo.

7. O número sete parece estar com medo, por isso, dá a impressão de estar "grudado", "preso" no lugar, temendo sair dali.

8. O número 8 está numa posição que pode representar duas situações: lutando para subir, ou quase caindo...

9. O número 9 está numa posição interessante: ele fez uma "casa", e se estabeleceu neste lugar, e ali parou.

10. O número 10 dá impressão de estar desistindo e retrocedendo...

11. O número 11 está na luta, tem foco no alvo, quer conquistar e mostra alegria nesta trajetória.

12. O número 12 está caído... Pode ter desistido...

13. O número 13 encontrou uma outra maneira de subir, um atalho, porém, parece não perceber que, pela fragilidade do galho em

que está se apoiando, pode "cair feio". Esta pode ser a posição de muitas pessoas na organização, acabam por buscar "formas mais fáceis" que os caminhos usuais e lícitos para subir. Precisam ponderar, pois o custo desta atitude pode ser alto no futuro...

14. O número 14 dá a impressão de estar parado devido a um deslumbramento por alguma coisa (no caso, a borboleta). O problema é a paralisação.
15. O número 15 dá a impressão de ter-se encostado e se contentado ao lugar que chegou.
16. O número 16 está numa atitude de crueldade em relação ao seu colega, o número 17. Não sabemos as razões pelas quais o faz, mas a verdade é que seu comportamento coloca o colega em risco.
17. Não sabemos o que pode ter levado o 16 a complicar a vida do 17, mas a verdade é que o 17, de alguma maneira, se colocou nessa situação de fragilidade em relação ao 16. Ninguém faz com a gente aquilo que não permitimos... por qual motivo o 17 se colocou numa posição de fragilidade e dependência do 16.
18. O número 18 dá a impressão de estar triste por ter chegado tão alto. Algumas vezes, as pessoas para subirem abrem mão de tantas coisas, que acabam se arrependendo de terem feito algumas escolhas.
19. Diferente do esperado – ir em direção ao 20 – o número 19 vai escolher um outro caminho e se sente feliz com sua escolha.
20. O número 20 alcançou a meta e demonstra satisfação pela etapa concluída.

SEXTO INSTRUMENTO:
Liberdade

(tradução remanejada do texto de Juan Arias,
in Persona, págs. 126-127; Amicy Santos e outros)

Sou livre quando amo o que faço;
Sou livre quando amo as coisas e os homens porque
o amor os faz mais livres e eu menos escravo;

Sou livre quando aceito e defendo a liberdade dos outros;
Sou livre quando a minha liberdade vale mais do que o dinheiro;
Sou livre quando consigo em tudo descobrir bondade;
Sou livre quando aceito que o mais importante é a minha consciência;
Sou livre quando me sei dar sem exigir possuir;
Sou livre quando creio que Deus é maior que o meu pecado;
Sou livre quando sei que na hora do fracasso
é sempre tempo de começar outra vez;
Sou livre quando creio firmemente num homem que, como eu, depois de ter morrido, continua a viver para sempre;
Sou livre quando sou capaz de amar o instante da vida que tenho nas mãos;
Sou livre quando estou consciente de que nem tudo me convém;
Sou livre quando, acorrentado, continuo a gritar o direito à minha liberdade;
Sou livre quando sou capaz de aceitar
o que os outros me oferecem;
Sou livre quando reconheço as minhas limitações;
Sou livre se tenho a capacidade de me transformar;
Sou livre quando tento fazer do meu trabalho um ato de criação;
Bem-aventurados os livres, porque possuirão a Terra.

Obs.: Esta poesia está no livro *A Prática da Psicoterapia Existencial*, de Jadir Lessa (conforme bibliografia).

Sétimo Intrumento:
Infinitamente Mais

Geraldo Eustáquio de Souza

Se você acredita que pode, poderá,
Porque vontade gera energia,
E a disposição de fazer,
E o começo da obra já concluída,
A descrença e o desânimo de hoje
É o combustível que alimenta,

O fracasso e a derrota em todas as épocas,
Os homens que aí estão,
De uma forma ou de outra,
São os mesmos que sempre aí estiveram,

E que, com todas as suas manobras,
Jamais conseguiram adiar por muito tempo
A marcha da humanidade
Rumo a uma vida melhor,

A crise que aí se encontra,
Servindo como justificativa
Para a inércia de muitos,
De uma forma ou de outra,
Sempre esteve presente,
E nunca foi barreira,
Porque jamais faltaram caminhos
Para quem se dispõe a andar,

Trabalho é o nome da magia
Que remove obstáculos,
E entusiasmo, a força que torna possível
Todas as realizações,

O que se faz um pouco a cada dia
Vale mais do que muito, feito em um dia só,
Paciência, e perseverança,
É o segredo de toda conquista,

Os tempos nunca parecerão difíceis
Quando a gente sabe onde quer ir,
E para lá se dirige com fé, amor e audácia,
Se a inteligência e a coragem
Ditarem as suas ações,
Se o coração guiar cada um,
Se o espírito a tudo presidir,
Então você pode acreditar que pode,
Porque somente o êxito será de fato
Algo inevitável em sua vida,

E você, acreditando que pode, poderemos,
Porque juntos somos
Infinitamente mais!

OITAVO INSTRUMENTO:
Esta é a Letra do Clip *Use Filtro Solar*

– Senhoras e Senhores, usem filtro solar.

– Se eu pudesse dar um conselho em relação ao futuro diria: Usem filtro solar.

– Os benefícios a longo prazo do filtro solar foram cientificamente provados.

– Os demais conselhos que dou baseiam-se unicamente em minha própria experiência.

– Eis aqui uns conselhos:

1. desfrute do poder e da beleza da sua juventude. Oh! Esqueça. Você só vai compreender o poder e a beleza de sua juventude quando já tiverem desaparecido;

2. mas acredite em mim: dentro de 20 anos, você olhará suas fotos e compreenderá, de um jeito que não pode compreender agora, quantas oportunidades se abriram para você, eram realmente fabulosas;

3. você não é tão gordo/a quanto você imagina;

4. não se preocupe com futuro. Ou se preocupe se quiser, sabendo que a preocupação é tão eficaz quanto tentar resolver a equação de álgebra mascando chiclete;

5. é quase certo que os problemas que realmente têm importância em sua vida são aqueles que nunca passam por sua mente, tipo aqueles que tomam conta de você às 4 da tarde em alguma terça-feira ociosa;

6. todos os dias faça alguma coisa que seja assustadora;

7. cante;

8. não trate os sentimentos alheios de forma irresponsável;

9. não trate os sentimentos alheios de forma irresponsável/não tolere aqueles que agem de forma irresponsável em relação a você;

10. relaxe;

11. não perca tempo com inveja;

12. algumas vezes você ganha, algumas vezes você perde;

13. a corrida é longa, ao final tem que contar com você;

14. lembre dos elogios que recebe;

15. esqueça os insultos (se conseguir fazer isto me diga como);

16. guarde suas cartas de amor;

17. jogue fora os velhos extratos bancários;

18. estique-se;

19. não tenha sentimento de culpa se não sabe muito bem o que quer da vida. As pessoas mais interessantes que conheço não tinham aos 22 anos nenhuma idéia do que fariam na vida. Algumas das pessoas interessantes de 40 anos que conheço ainda não sabem;

20. tome bastante cálcio;

21. seja gentil com seus joelhos, você sentirá falta deles quando não funcionarem mais;

22. talvez você se case, talvez não. Talvez você se divorcie aos 40, talvez dance uma valsinha quando fizer 75 anos de casamento;

23. o que quer faça, não se orgulhe, nem se critique demais;

24. odas as suas escolhas têm 50% de chance de dar certo, como as escolhas de todos os demais;

25. curta seu corpo da maneira que puder. Não tenha medo dele, ou do que as outras pessoas pensam dele, ele é seu maior instrumento;

26. dance. Mesmo que o único lugar que você tenha pra dançar seja sua sala de estar;

27. leia todas as indicações mesmo que você não as siga;

28. não leia revistas de beleza, a única coisa que elas fazem é mostrar você como uma pessoa feia;

29. saiba entender seus pais. Você nunca sabe a falta que vai sentir deles;

30. seja agradável com seus irmãos. Eles são seu melhor vínculo com seu passado, e aqueles que no futuro provavelmente nunca deixarão você na mão;

31. entenda que amigos vão e vêm, mas que há um punhado deles preciosos que você tem que guardar com carinho. Trabalhe duro para transpor os obstáculos geográficos e da vida, porque quanto mais você envelhece tanto mais precisa das pessoas que conheceram você na juventude;

32. more em NY, mas mude-se antes que a cidade transforme você numa pessoa dura;

NONO INSTRUMENTO:
Um Manual de Sobrevivência

W. Shakespeare

"Depois de algum tempo você aprende a diferença, a sutil diferença entre dar a mão e acorrentar uma alma.

E você aprende que amar não significa apoiar-se, e que companhia nem sempre significa segurança.

E começa aprender que beijos não são contratos nem promessas.

E começa a aceitar suas derrotas com cabeça erguida e olhos adiante, com a graça de um adulto e não com tristeza de uma criança.

E aprende a construir todas suas estradas no hoje, porque o terreno do amanhã é incerto demais para os planos, e o futuro tem o costume de cair em meio ao vão.

Depois de algum tempo você aprende que o sol queima se ficar exposto por muito tempo.

E aprende que não importa o quanto você se importe, algumas pessoas simplesmente não se importam...

E aceita que não importa o quão boa seja uma pessoa, ela vai feri-lo de vez em quando e você precisa perdoá-la por isso.

Aprende que falar alivia dores emocionais.

Descobre que se leva um certo tempo para construir confiança, e apenas segundos para destruí-la, e que você pode fazer coisas em um instante das quais se arrependerá pelo resto da vida.

Aprende que verdadeiras amizades continuam a crescer mesmo a longas distâncias.

E o que importa não é o que você tem na vida, mas quem você tem na vida.

E que bons amigos são a família que nos permitiram escolher.

Aprende que não temos que mudar de amigos se compreendermos que os amigos mudam.

Percebe que seu melhor amigo e você podem fazer qualquer coisa ou nada e terem bons momentos juntos.

Descobre que as pessoas com quem você mais se importa na vida são tomadas muito depressa de você... Por isso, sempre devemos deixar as pessoas que amamos com palavras amorosas, pode ser a última vez que a vejamos.

Aprende que as circunstâncias e os ambientes têm influência sobre nós, mas nós somos responsáveis por nós mesmos.

Começa a aprender que não se deve comparar-se com os outros, mas com o melhor que se pode ser.

Descobre que se leva muito tempo para se tornar a pessoa que quer ser, e que o tempo é curto.

Aprende que não importa onde já chegou, mas aonde está indo, mas, se você não sabe aonde está indo, qualquer lugar serve.

Aprende que ou você controla os seus atos ou eles o controlarão.

E que ser flexível não significa ser fraco ou não ter personalidade, pois não importa quão delicada e frágil seja uma situação, sempre existem dois lados.

Aprende que heróis são pessoas que fizeram o que era necessário fazer, enfrentando as conseqüências.

Aprende que paciência requer muita prática.

Descobre que algumas vezes a pessoa que você espera que o chute quando você cai é uma das poucas que o ajudam se levantar.

Aprende que maturidade tem mais a ver com os tipos de experiência que se teve e o que você aprendeu com elas do que com quantos aniversários você celebrou.

Aprende que há mais de seus pais em você do que você supunha.

Aprende que nunca se deve dizer a uma criança que sonhos são bobagens, poucas coisas são tão humilhantes e seria uma tragédia se ela acreditasse nisso.

Aprende que quando se está com raiva tem o direito de estar com raiva, mas isso não lhe dá o direito de ser cruel.

Descobre que só porque alguém não o ama da maneira que você quer que ame não significa que esse alguém não o ama com tudo que pode, pois existem pessoas que nos amam, mas simplesmente não sabem demonstrar ou viver isso.

Aprende que nem sempre é suficiente ser perdoado por alguém, algumas vezes você tem que aprender a perdoar a si mesmo.

Aprende que com a mesma severidade com que julga em algum momento você será condenado.

Aprende que não importa em quantos pedaços seu coração foi partido, o mundo não pára para que você o conserte.

Aprende que o tempo não é algo que possa voltar atrás; portanto, plante seu jardim e decore sua alma, em vez de esperar que alguém lhe traga flores.

E você aprende que realmente pode suportar, que realmente é forte, e que pode ir muito mais longe... depois de pensar que não poderia mais da vida.

Aprende que realmente a vida tem valor e que você tem valor diante da vida.

Décimo Instrumento:

Analise com carinho a letra deste maravilhoso "poema-canção"

Metade

Oswaldo Montenegro

Que a força do medo que eu tenho
Não me impeça de ver o que anseio
Que a morte de tudo em que acredito
Não me tape os ouvidos e a boca
Pois metade de mim é o que eu grito
E a outra metade é silêncio.

Que a música que eu ouço ao longe
Seja linda ainda que tristeza
Que a mulher que amo seja pra sempre amada
Mesmo que distante
Pois metade de mim é partida
A outra é saudade.

Que as palavras que falo
Não sejam ouvidas como prece nem repetidas com fervor
Apenas respeitadas como a única coisa
Que resta a um homem inundado de sentimentos
Pois metade de mim é o que ouço
A outra metade é o que calo.

Que a minha vontade de ir embora
Se transforme na calma e paz que mereço
Que a tensão que me corrói por dentro
Seja um dia recompensada.
Porque metade de mim é o que penso
A outra metade é um vulcão.

Que o medo da solidão se afaste
E o convívio comigo mesmo se torne ao menos suportável
Que o espelho reflita meu rosto num doce sorriso
Que me lembro ter dado na infância
Pois metade de mim é a lembrança do que fui
A outra metade não sei.

Que não seja preciso mais do que uma simples alegria
Pra me fazer aquietar o espírito
E que o seu silêncio me fale cada vez mais
Pois metade de mim é abrigo
A outra metade é cansaço.

Que a arte me aponte uma resposta
Mesmo que ela mesma não saiba
E que ninguém a tente complicar
Pois é preciso simplicidade para fazê-la florescer
Pois metade de mim é platéia
A outra metade é canção.

Que a minha loucura seja perdoada
Pois metade de mim é amor
E a outra metade também

Décimo-Primeiro Iinstrumento

A ONU resolveu fazer uma grande pesquisa mundial. A pergunta era:

"Por favor, diga honestamente qual a sua opinião sobre a escassez de alimentos no resto do mundo."

O resultado foi desastroso. Foi um total fracasso...

- Os europeus não entenderam o que é "escassez".
- Os africanos não sabiam o que eram "alimentos".
- Os argentinos não sabiam o significado de "Por favor".
- Os norte-americanos perguntaram o significado de "o resto do mundo".
- Os cubanos estranharam e pediram mais explicações sobre "opinião".
- O Congresso brasileiro ainda está debatendo o que é "HONESTIDADE"!

DÉCIMO-SEGUNDO INSTRUMENTO:
Poemas de Conscientização Social

Os poemas apresentados a seguir retratam a questão da Justiça Social e são de autoria de Érica Henrique R. Andrade que gentilmente permitiu sua reprodução. Érica é uma lutadora pelos direitos humanos e com ela tenho aprendido um pouco dessa sua grande paixão pelas pessoas.

São poesias que podem ser utilizadas para despertar a consciência social dos grupos com os quais se trabalha, além de poderem fomentar debates, encenações ou até leituras dinamizadas com os grupos.

Os carvoeiros

Pobre menino do pé no chão,
Que tem seu sustento nas minas de carvão.
Tanto trabalho, tão pouco dinheiro;
Mas se perguntar, quer ser carvoeiro,
É que nunca viu na vida outra profissão.

Pobre pai queimaduras na mão,
Que tem seu sustento nas minas de carvão.
Na esperança de uma vida melhor,
Dá de si todo suor,
Sonhando para os filhos, um dia, educação.

Pobre esposa de tanque e fogão,
Que tem seu sustento nas minas de carvão.
Um menino no colo, outro no ventre;
Cozinha o que tem, quando tem,
Esperando que um dia será diferente.

Pobre ancião já de turva visão,
Que tem seu sustento nas minas de carvão.
Viu pela vida seus sonhos passando,
Termina sua história trabalhando;
História de silêncio forçado, desilusão.

Pobre Brasil, essa nossa nação,
Que sustenta seus filhos nas minas de carvão
Pobres carvoeiros, pobres de nós,
Se ouvirmos seu clamor e calarmos a voz.

No Céu tem Pão?

Lá pelo Nordeste desse país
Numas das vilas sem nome do interior
Se passa o fato dessas linhas
Onde mães e criancinhas
Tem a vida marcada por dissabor.

Lá estava ela sentada na calçada
Com o filho pequeno nos braços
Filho doente, franzino, desidratado
Apertava-o em seu peito
Acariciava-lhe os traços
E Chorava a dor de quem nada podia fazer por seu amado

Tantas vezes no desespero
Quando seu menino piorava
Se punha a gritar no corredor:
– Salva meu filho seu doutor, Salva meu filho!
Tão desconsolada ela voltava.
Ao ouvir que ali pouco o poderiam ajudar.

– Mas que peste é essa seu doutor?
Que ninguém acha solução?
O médico com a voz embargada
Olhando aquela criança já sentenciada:
– O mal de seu filho é fome!
É isso que o consome!
Tem jeito não, tem jeito não!

Por um momento veio a sua lembrança
A filha da Mariinha
Que mês passado Deus levou
Tão magrinha coitadinha

Foi mais uma que não vingou!

A lembrança torturava ainda mais seu pranto
E amoadinha em seu canto
Com o filho morrendo, sofrendo em seu colo
Começa a rezar...
Como que uma despedida
O filhinho abre os olhos, esboça um sorriso
E acaricia o rosto da mãe com sua pequenina mão.
Com a vozinha longe, tão fraquinho o coração
O menino pergunta suave:
– Mãe, no céu Tem pão?
– Espero que sim, meu filho. Espero que sim.

Érica Henrique Ribeiro de Andrade.

Patriotismo de Esgoto

A palavra patriota evoca um sentimento de amor aquela nação onde nascemos. Não é raro observar a devoção com que muitos soldados defendem sua pátria, em situação de guerra, por exemplo. Também não é difícil lembrar-se da emoção com que alguns jogadores de futebol entoam o hino nacional Brasileiro (apesar de saberem pouco mais de algumas linhas). Existem, ainda, aqueles que em feriados nacionais, vão com seu discurso até a mídia, mostrando-se os mais fiéis de todos os cidadãos. Serão estes os patriotas? Afinal, o que é ser patriota?

Esta semana em direção à um bairro pobre da baixada fluminense, quando o ônibus entrou em uma das muitas estradas de barro, observei algo bastante intrigante. Vi crianças que brincavam descalças na porta da sala; ou seria na porta da cozinha? Na verdade nem era uma casa. Era um barraco de tábuas que em um cômodo pequeno, abrigava quantos, só Deus sabe. As tábuas ressequidas pela ação do sol, da chuva e do vento; com rachaduras que me permitiram ver o nada com que sobrevivem dentro do barraco. Ao redor, corria o esgoto que banhava os pés das crianças que brincavam. A pequena janela coberta por um pedaço de pano fino, revelou-me a figura de um rosto enrugado, com marcas quem sabe do tempo, quem sabe de dor. Um olhar distante, fixo em algo que nem sabe o que. Poderia ser a mãe das crianças descalças que brincavam no esgoto. Quando ergui meus olhos a procura de algum sinal de luz elétrica ou água encanada, percebi que de dentro do barraco, uma grande madeira fina substituía a antena de televisão. Parecia um mastro. Esperem! Era um mastro! Quão tamanha foi minha surpresa ao ver ali, na curva do nada, a bandeira da minha pátria. A bandeira do Brasil, em cores vivas, exposta com orgulho! Por alguns segundos embevecida com a visão, não tardou que surgisse em minha mente a pergunta que jamais gostaria de ter feito. Como alguém que cria seus filhos brincando no esgoto, que os protege em um barraco de tábuas ressequidas, e que sabe Deus como os alimenta, mostra como que relíquia a Bandeira da nação que lhe nega dignidade de vida? Como em meio a condições de subsistência o símbolo de sua pátria fulgura como estandarte?

Orgulho-me de ter conhecido, naquele dia, a mais patriota de todos os patriotas. Que ama sua nação a despeito do descaso; que ama sua nação a despeito da fome. Envergonhada mesmo fica a nação. Quase mata-me de desgosto; em ter sua maior patriota, a mãe de filhos com fome que brincam descalços no esgoto.

Érica Henrique Ribeiro de Andrade

DÉCIMO-TERCEIRO INSTRUMENTO:
Diante de Mim

Geraldo Eustáquio de Souza

Tendo eu mesmo por testemunha
E sob pena de perder o respeito por minha própria palavra
Eu me comprometo a buscar e a defender qualidade de Vida
Em tudo o que eu faço e em todos os lugares onde eu esteja.

E me comprometo também a estar presente aqui e agora
A despeito do prazer ou dor que este momento me traz
Fazendo a parte que me cabe do melhor modo que sei

*Sem me queixar do mundo, nem culpar os outros
pelos meus erros e fracassos
Mas antes me aceitando imperfeito, limitado e humano.*

*Mesmo que tudo recomende o contrário,
Eu me comprometo a amar, confiar e ter esperança
Sem limites nem condições.
E embora eu só possa fazer pequeno,
Eu me comprometo a pensar grande,
Me preparando com disciplina e coragem
Para os ideais que ainda espero e vou alcançar,
Sabendo que tudo começa simples e singelo.*

*De corpo, cabeça e coração
Eu me comprometo a crescer sempre muito
De todos os modos possíveis
De todos os jeitos sonhados
Até que a vida me considere apto para a morte.*

Seguem algumas citações, sobre as quais vale a pena refletir.

DÉCIMO-QUARTO INSTRUMENTO: Citações Importantes

"Somos poucos e temos que estar juntos."

Saramago

"Precisamos transformar e deixar-se transformar."

Wala

"Aqueles que estão na periferia das cidades e da cultura estão mais perto da vida."

Milton Santos

"O conceito de cão não ladra."

Spinoza

"Somos anjos de uma asa só, e para voarmos precisamos nos abraçar."

Autor Desconhecido

Observação: Encontrei a citação acima no convite de formatura de uma aluna, que dizia:

"...obrigada a todos que por terem me abraçado me emprestaram as suas asas, para que ao longo do tempo, eu fosse construindo minha própria asa... e hoje pudesse alçar vôo, para me unir a outros anjos de uma asa só..."

Ana Cristina Araújo

"Temos todos duas vidas, uma a que sonhamos e outra a que vivemos."

(*Filme* Como Irmãos)

"Educação não muda um país mas um país não muda sem educação."

Clemir Fernandes

"A amizade é um amor que nunca morre."

Mário Quintana

"Maravilhas nunca faltaram ao mundo, o que sempre falta é a capacidade de senti-las e de admirá-las."

Mário Quintana

"Quem não compreende um olhar, tampouco compreenderá uma longa explicação."

Mário Quintana

"Felicidade é a certeza de que a vida não está sendo vivida inutilmente."

Érico Veríssimo

"A vida é uma batalha e a vitória é não desistir dessa batalha."

Luiz Henrique

"A transformação é uma porta que só abre por dentro."
(velho provérbio francês)

"Quando o trabalho é um prazer, a vida é um alegria! Quando o trabalho é um dever a vida é uma escravidão."
Maximo Gorki

Citações adicionais:

Fragmento retirado do livro *Você pode curar sua vida*, de Louise L. Hay.

Na infinidade da vida onde estou,
Tudo é perfeito, pleno e completo.
O passado não tem poder sobre mim
Porque estou disposto a aprender e mudar.
Vejo o passado como necessário para me trazer
até onde estou hoje.
Estou disposto a começar bem aqui, onde estou agora,
A limpar os cômodos de minha casa mental.
Sei que não importa onde inicio, de modo que agora começo
Com os cômodos menores e mais fáceis, e assim
Verei os resultados rapidamente.
Sinto-me emocionado por estar no meio dessa aventura,
Pois sei que nunca passarei por
Essa experiência em particular de novo.
Estou disposto a me libertar.
Tudo está bem em meu mundo.

BIBLIOGRAFIA

ALVES, Rubem. *A alegria de ensinar*. Editora PAPIRUS.

ALVES, Rubem. *Pai Nosso*. Editora Paulus.

ANTUNES, Celso. *Como identificar em você e em seus alunos as inteligências múltiplas*. Petrópolis, RJ: Vozes, 2001.

BELASCO, James. *Ensinando o elefante a dançar*. Editora Campus, 1992, 221p.

BOCK, Ana Mercês Bahia. *Psicologias: Uma introdução ao estudo da psicologia*, 13ª ed. reform. e ampl. São Paulo: Saraiva, 2002.

BORGES, G. L. *Dinâmicas de grupo: Redescobrindo valores*, 3ª ed. Petrópolis: Vozes, 2001.

CARTWRIGHT, D. e ZANDER. *A dinâmica de grupo: pesquisa e teoria,* vol. 2. Trad. Dante M. Leite e Miriam L. M. Leite. São Paulo: EPU/USP, 1975.

COVEY, Stephen R. *Os sete hábitos das pessoas muito eficazes*. Editora Best Seller. 372 p.

FREIRE, Paulo. *Pedagogia da autonomia,* 3ª ed. Rio de Janeiro: Paz e Terra, 1992.

JONSON, Spencer. *Quem mexeu no meu queijo*. Rio de Janeiro: Record, 1994.

KEATING, Kathleen. *Terapia do abraço I*. Editora Pensamento.

KEATING Kathleen. *Terapia do abraço II*. Editora Pensamento.

LESSA. Jadir. *Solidão e liberdade*. Editora SAEP.

LESSA. Jadir. *A construção do poder pessoal,* Editora SAEP.

LESSA, J. M. *A prática da psicologia existencial*. Rio de Janeiro: Saep Editora, 1987.

MACRUZ, F. M. S.; FAZZI, J. L.; DAYRELL, J. T. e INACIO, R. A. C. *Jogos de cintura*, 4ª ed. Petrópolis: Vozes, 2001.

MATHIAS, M. *Bom dia amor*. 2ª ed. Rio de Janeiro: Editora Junta de Educação Religiosa e Publicações da Convenção Batista Brasileira.

MINICUCCI, Agostinho. *Dinâmica de grupo: Teorias e sistemas*, 5ª ed. São Paulo: Atlas, 2002.

MOSCOVICI, F. *Desenvolvimento interpessoal: Treinamento em grupo*, 5ª ed. Rio de Janeiro: José Olympio, 1996.

RAMOS, Cosete. *Excelência na educação*. Rio de Janeiro: Qualitymark Editora, 1999. 161p.

RAMOS, Cosete, *Pedagogia da qualidade total*. Rio de Janeiro: Qualitymark Editora.

RAMOS, Cosete. *Sala de aula de qualidade total*. Rio de Janeiro: Qualitymark Editora.

RODRIGUES, Aroldo. *Psicologia social*, 1933. In: RODRIGUES, Aroldo; LEAL, Eveline Maria; JABLONSK, Bernardo. *Psicologia social*, 18ª ed. reform. Petrópolis: Vozes, 1999.

SENGE, Peters. *A quinta disciplina*, 3ª ed. São Paulo: Atlas, 1996.

SETHIA, N. K. E GLINOW, M. A. V. (1988). Arriving at four cultures by managing the reward system. In: KILMANN R., SAXTON M. J., SERPA R. e associados (orgs.). Gaining control of the corporate culture. São Francisco: Jossey – Bass Publishers.

SHINYASHIKI, Roberto. *O sucesso é ser feliz*. Editora Gente.

_____. *Carícia essencial*. Editora Gente.

_____. *Você: a alma do negócio*. Editora Gente.

_____. *Pais e Filhos, companheiros de viagem*. Editora Gente.

SOUZA, Cesar. *Você é do tamanho dos seus sonhos*. São Paulo: Gente, 2002.

WEIL, Pierre. *O corpo fala*. Petrópolis: Editora Vozes, 1996. 292 p.

CONTATOS COM O AUTOR

E-mail: edsonandrade2004@yahoo.com.br

Tel.: (0xx22) 2726-7549/(0xx21) 9182-9166

Entre em sintonia com o mundo

QualityPhone:
0800-263311
Ligação gratuita

Qualitymark Editora
Rua Teixeira Júnior, 441 – São Cristóvão
20921-400 – Rio de Janeiro – RJ
Tel.: (0xx21) 3860-8422
Fax: (0xx21) 3860-8424

www.qualitymark.com.br
e-mail: quality@qualitymark.com.br

Dados Técnicos:

• Formato:	16×23cm
• Mancha:	12×19cm
• Fontes Títulos:	Helvética
• Fontes Texto:	CG Ômega
• Corpo:	11
• Entrelinha:	13,2
• Total de Páginas:	176